Arbeits- und Berufssoziologie

von

Otto Neuloh

W DE G

Sammlung Göschen Band 6004

Walter de Gruyter
Berlin · New York · 1973

Diplom-Volkswirt, Dr. rer. pol. *Otto Neuloh* ist

Direktor des Instituts für empirische Soziologie
Gesellschaft für angewandte Sozialforschung,
Saarbrücken
Honorarprofessor für Soziologie an der
Universität des Saarlandes

ISBN 3 11 003892 7

Printed in Germany.

Satz und Druck: Saladruck, 1 Berlin 36.

VORWORT

Dieser Band verfolgt zwei besondere Absichten. Die eine betrifft die soziologische Begrenzung und Analyse des Bereichs Arbeit und Beruf, der als Einheit und komplexer Gegenstand in der bisherigen soziologischen Literatur kaum behandelt worden ist. Inwiefern diese Komplexität theoretisch und empirisch vertretbar ist, soll deshalb zunächst nachgewiesen werden. Die andere Absicht ergab sich aus den Erfahrungen einer vieljährigen Lehr- und Forschungstätigkeit an verschiedenen Hochschulen und Instituten sowie in sehr unterschiedlichen Bereichen der Arbeits- und Berufswelt. Sie betrifft die Einsicht, daß bei Studierenden und Berufstätigen ein dringendes Bedürfnis besteht, Denkweisen, Methoden und Anwendungsmöglichkeiten der Soziologie in unmittelbarer Beziehung zu ihrem Studium oder Beruf in verständlicher Form dargeboten zu bekommen. Das mag zunächst überraschen, weil angesichts der jährlich wachsenden Flut soziologischer Literatur anzunehmen ist, daß es auf diesem Gebiet informatorischer, anspruchsvoller Publizistik keine Lücken mehr geben kann. Die Anzahl der kleinen und großen Handbücher, Wörterbücher und Veröffentlichungsreihen, die gerade in den letzten Jahren als Taschenbücher oder in anderer konsumorientierter Form herausgekommen sind, scheint das zu beweisen. Die Lücke besteht aber darin, daß fast alle diese Einzelveröffentlichungen und Reihen Soziologie-orientiert sind, und zwar entweder an allgemeinen Fragestellungen oder an speziellen Bereichen der Soziologie. Darüber hinaus finden wir zwar besondere Publikationen für Pädagogen unter dem irreführenden Titel „Pädagogische Soziologie“ und für Mediziner, gewöhnlich als „Medizin-Soziologie“ oder „Soziologie des Krankenhauses“ firmiert, aber selten in einer auf soziologische Probleme des speziellen Berufes konzentrierten Weise. Zum Beispiel gibt es nicht einmal eine Soziologie für Studierende der Volks- und Betriebswirtschaft oder der Jurisprudenz, ganz zu schweigen von speziellen

Darstellungen für Studium und Beruf der Ingenieure, Ärzte, Architekten, der Verwaltung, der Personalleiter, Unternehmer, Journalisten usw. Sie alle haben weder Zeit noch in der Regel auch ein tiefergehendes Interesse für die Grundsatz- und Streitfragen der Soziologie, für ihr theoretisches Lehrgebäude, höchstens für die Praktikabilität soziologischer Methoden. Ihr Bedarf bezieht sich auf die Transparenz der gesellschaftlichen und individuellen Probleme, mit denen sie in Studium und Beruf konfrontiert werden. Er entsteht aus der inzwischen Gemeingut gewordenen Erkenntnis, daß kaum ein Studium oder Beruf ohne diese, aus soziologischer Denkweise zu gewinnende Transparenz auskommen kann.

Im allgemeinen kann keine Veröffentlichung beiden Aufgaben gerecht werden, der soziologisch orientierten auf der einen und der studium- und berufsbezogenen auf der anderen Seite. Das gilt auch für den vorliegenden Beitrag. Trotzdem besteht der Wunsch und auch der Versuch, nach beiden Bedarfsrichtungen das Thema Arbeit und Beruf zu behandeln, insbesondere dadurch, daß für Studierende der Wirtschafts- und Sozialwissenschaften Fragen gestellt und beantwortet werden, die dem Bereich Arbeit und Beruf naheliegen, und daß andererseits soziologische Vorfragen für solche Berufstätigen behandelt werden, die lehrend, beratend oder in anderer Weise mit Arbeit und Beruf zu tun haben, z. B. Lehrkäfte an Berufs- und Fachschulen, aber auch an Grund- und Hauptschulen, Berufsberater und andere Angehörige der Bundesanstalt für Arbeit, Personal- und Ausbildungsleiter in Wirtschaft und Industrie. Diesem Vorhaben sind allerdings Grenzen gesetzt, die im Einführungskapitel gezogen werden. Zum Beispiel werden soziologische Probleme der Berufsberatung, der Berufsausbildung und der Betriebsführung hier nicht behandelt, weil sie besonderen Darstellungen in dieser Sammlung vorbehalten sind. Die vorstehend begründete doppelte Absicht ist zugleich der Grund dafür, daß die Schrift in ihrem Aufbau und ihrer Gliederung von dem normalen System abweicht. „Normal“ soll bedeuten, daß soziologische Veröffentlichungen, insbesondere Lehrbücher, gewöhnlich mit den Abstrakta beginnen, d. h. Problemstellungen aufzeigen, Definitionen und Theorien erläutern und Methoden abhandeln. Demgegenüber soll hier mit dem Einstieg in das konkrete Beziehungsfeld begonnen werden, das Arbeit und Beruf untereinander und als Subsystem mit Gesellschaft und Kultur verbindet. Dieser Aufgabe dienen die Teile 2 und 3, während die folgenden beiden 4 und 5 basis- und praxisorientiert sind, d. h. an dem Kontext zwischen Theorie und Anwendung. In dieser synoptischen Denkweise soll das Buch unter anderem folgende Aufgaben erfüllen:

1. wissenschaftliche Informationen zu geben über ein Gebiet, das bis jetzt in der soziologischen Literatur verhältnismäßig wenig behandelt worden ist;
2. zu systematischem Wissen und gedanklicher Ordnung der empirischen Wirklichkeit anzuleiten, und zwar durch einen konsequenten Verbund von Thesen, Theorien und Fakten;
3. das Problembewußtsein zu fördern, also das Nachdenken über die Hintergründe des Handlungsbereichs Arbeit und Beruf und seine Fragestellungen.

Um diese allgemeinen Ziele zu erreichen, sollen folgende Regeln und Hilfen beachtet werden:

- genaue Begrenzung des Gegenstandes Arbeit und Beruf und seine systematische Aufgliederung in einer vom Ansatz determinierten komplexen Denkweise;
- anschauliche Darstellung durch Diagramme und Beispiele;
- theoretische Fundierung mit komprimierten Texten zur praxisorientierten Anwendung;
- Bestimmung von Begriffen, wo immer es notwendig erscheint;
- Zusammenfassung ausgewählter Definitionen und Schemata der empirischen Sozialforschung;
- Autorenregister der behandelten Literatur.

Hansjürgen Daheim, Professor der Soziologie an der Universität Regensburg, danke ich für konstruktive Kritik des Entwurfs und meiner Sekretärin, Margit Römer, für mitdenkende Hilfe und Korrektur.

Saarbrücken, Mai 1973

Otto Neuloh

INHALT

Anhang:

1. Einführung: Arbeit und Beruf als Lehr- und Forschungsbereich

1.1 Gegenstand und Grenzen der Arbeits- und Berufssoziologie

Wer sich mit einer Spezialwissenschaft vertraut machen will, muß ihren Gegenstand und die Grenzen ihres Lehr- und Forschungsbereiches so genau wie möglich erfassen. Für die allgemeinen, bekannten Disziplinen wie Psychologie, Soziologie, Ökonomie, Philosophie usw. ist das oft schon ein Problem, obwohl sie seit Jahrzehnten und zum Teil seit Jahrhunderten ihre Bereiche gegeneinander abgegrenzt haben. Der moderne interdisziplinäre Trend von Lehre und Forschung zwischen diesen Wissenschaften und ihren Vertretern kann Studierenden und wissenschaftlich interessierten Berufstätigen diese Trennung noch erschweren. Die Definition und Begrenzung von Spezialgebieten ist auf den ersten Blick weniger erkenntlich, weil bestimmte Problembereiche unter verschiedenen Aspekten behandelt werden können, z. B. Verhaltensforschung in soziologischer, psychologischer und ökonomischer Perspektive. Dazu gehört auch das Lehr- und Forschungsgebiet Arbeit und Beruf. Deshalb soll die Einführung in die Arbeits- und Berufssoziologie mit der Bestimmung ihres Gegenstandes und der Abgrenzung ihres Bereiches beginnen: im Sinne der Komplexität des Themas Arbeit und Beruf und gegenüber anderen Sozialwissenschaften und sonstigen Disziplinen.

Die soziologische Literatur über Arbeit und Beruf läßt drei verschiedene Auffassungen über den Gegenstand und seine Grenzen erkennen: Wir können sie als traditionell, monistisch und synthetisch bezeichnen.

1.1.1 Traditionelle Auffassung

Die Autoren der traditionell eingestellten Veröffentlichungen gehen von der absoluten Trennung der Problembereiche aus. Für sie ist der Begriff des Berufs durch seine gesellschaftliche Funktion in einer bestimmten Tätigkeit, durch seinen Ganzheitsbezug, d. h. den Zusammenhang zwischen „Einzelwerk und Gesamtwerk“, sowie durch eine gesellschaftliche Interdependenz aller Berufe grundsätzlich vom Begriff der Arbeit zu distanzieren. In dieser funktionalen und integrativen Bedeutung des Berufs gegenüber der Arbeit hat die traditionelle Auffassung schon seit Beginn dieses Jahrhunderts zu einer bis heute noch nicht abgeschlossenen Diskussion über die Berufssoziologie als selbständige Spezialwissenschaft geführt. Nach ihr gibt es „keinen Beruf des Arbeiters“ und deshalb auch kein entsprechendes Bewußtsein. Eine Ausweitung des Berufsbegriffs auf jede menschliche Tätigkeit und Beschäftigung wird abgelehnt, ebenso die Einschränkung auf die materielle Befriedigung, die nur als Erwerbstätigkeit, als „Unberuf“ angesehen wird. Der Berufsgedanke setzt die prästabilisierte Harmonie voraus, der Erwerbsgedanke die prästabilisierte Disharmonie, d. h. den Wettbewerb. Der Erwerbstätige ist grundsätzlich individualistisch, der Berufstätige universalistisch eingestellt. Berufsbewußtsein verbindet, Erwerbsstreben dagegen trennt. Beruf ist Dienst an der Gemeinschaft, Erwerb ist Geschäft [42, S. 482 ff.]. Grundmodell dieser traditionellen Berufsvorstellung ist der handwerkliche Beruf, in dem die besondere ganzheitliche und mit dem Gesamtwerk verbundene Tätigkeit am sichtbarsten zum Ausdruck kommt. Im Handwerk sind deshalb die Voraussetzungen eines geprägten Berufsbewußtseins optimal gegeben.

Von dieser extremen und exklusiven Ausdrucksform traditionellen Berufsdenkens hat sich die Berufssoziologie der Gegenwart schon deshalb distanziert, weil für sie jede Berufstätigkeit mit Arbeit verbunden ist. Gleichwohl wird die strenge Unterscheidung der beiden Problembereiche aufrechterhalten, indem die Gegenstände in dem traditionellen Sinne unterschiedlich definiert werden. Danach ist Arbeit „jede bewußte zweckmäßige Tätigkeit, die zur Befriedigung materieller und geistiger

Bedürfnisse des Einzelnen und der Gemeinschaft dient“ [71, S. 1], Beruf dagegen wird als „eine freie, möglichst kontinuierlich ausgeübte, vorwiegend auf Eignung und Neigung gegründete, erlernte – Dienstleistung“ [71, S. 2] apostrophiert. Von dieser Unterscheidung ausgehend hat Karl Dunkmann als einer der ersten Soziologen eine Soziologie der Arbeit und eine Soziologie des Berufs geschrieben [10; 11]. Nach seiner kontrastierenden Formulierung entbehrt die Arbeit in der Wirklichkeit der modernen Industrie „eines subjektiven Werterlebnisses, das mit einer echten Berufstätigkeit verbunden zu sein pflegt“ [71, S. 13]. Angelernte und ungelernte Arbeiter verrichten ihre Tätigkeit nur aus ökonomischem Zwang. Angesichts solcher Distanzierung zwischen Berufswelt und Arbeitswelt ist kein Weg zu einem einheitlichen Wissenschaftskonzept der Arbeits- und Berufssoziologie denkbar.

1.1.2 Monistische Richtung

Die monistische Richtung stellt das andere Extrem in der Diskussion über Arbeit und Beruf dar: Es gibt nur *ein* Phänomen, nämlich Arbeit, und nur *eine* Soziologie der Arbeit. Als Ergebnis von empirisch-soziologischen Untersuchungen, vor allem in Industriebetrieben, wurden vornehmlich zwei Begründungen für diese Einseitigkeit des soziologischen Ordnungsdenkens gegeben. Die eine glaubt in der Industriearbeit den Verfall des Berufsgedankens erkennen zu können [26]:

- durch die Entpersönlichung der Arbeit im Zwange der industriellen Technik und der industriebetrieblichen Organisation mit der Herrschaft des Apparates;
- durch die Spezialisierung und Gleichförmigkeit der Arbeitsverrichtung (Monotonie), die zur Auflösung sinnvoller Werksganzheiten und Werkszusammenhänge führt;
- durch eine weltanschauliche Wendung zur materialistischen Lebensauffassung.

Es ist leicht festzustellen, daß als Maßstab für diese Verfallsbeobachtungen das alte Handwerkerideal dient.

Die andere Begründung sieht wegen dieser Entpersönlichung, Monotonie und materialistischen Gesinnung das Kollektivum [77, S. 25 ff.], das Aufeinanderangewiesensein im Arbeitsprozeß, die Gruppe, den Arbeitsverband, die Arbeitsorganisation, d. h. das alle Arbeiten verbindende und damit jede Trennung von Arbeit und Beruf überwindende Sozialsystem als Grundlage monistischer Analyse. Für das Kollektivum sind nicht persönliche, sondern sachliche Bestimmtheiten und Bezüge maßgebend. Die lapidare Schlußfolgerung dieser Autoren, „Beruf ist Arbeit", wird oft mit einer Definition begründet, die wegen des berühmten Urhebers Max Weber in der soziologischen Literatur bis in die Gegenwart zitiert wird: „Beruf soll jene Spezifizierung, Spezialisierung und Kombination von Leistungen einer Person heißen, welche die Grundlage einer kontinuierlichen Versorgung oder Erwerbschance ist" [87, S. 80].

Die weiteste Verbreitung hat die Gleichsetzung von Arbeit und Beruf im Kollektivum und damit die Einseitigkeit des gesellschaftsbezogenen Denkens in der sozialistischen Literatur gefunden. Traditionelles Berufsverständnis wird hier ohnehin als ein Zeichen kapitalistisch bürgerlichen Denkens deklamiert. Das Individuum steht in der sozialistischen Gesellschaft in den drei Bezugssystemen von Mensch und Arbeit, Mensch und Maschine, Mensch und Arbeitskollektiv.

Der Wirkungszusammenhang Mensch und Arbeit betrifft die Bedingungen der Arbeitstätigkeit im allgemeinen und die Bestimmung einer konkreten Arbeitsaufgabe. Die Arbeit ist „Vollzug und Ergebnis eines wechselseitigen Zusammenwirkens subjektiver und objektiver Bedingungen an einem bestimmten Arbeitsplatz sowie in einem bestimmten Arbeits- und Betriebskollektiv" [44, S. 25].

Das System Mensch – Maschine bedeutet eine Verschiebung im Anteil der einzelnen Komponenten der menschlichen Arbeit. Der Mensch wird zum Operateur für bestimmte Aufgaben, die in eine Menge von Teilfunktionen zerlegt werden können. Die Ordnung des Systems steht unter der Frage, wie diese Teilfunktionen zwischen Mensch und technischen Gliedern so zu verteilen sind, daß die relativen Vorzüge beider genutzt werden können [44, S. 288]. Hierzu gibt es zwei Entscheidungsrichtungen: entweder Anpassung der technischen Glieder an den Menschen oder Anpassung des Menschen an die technischen Glieder.

Das dritte System Mensch – Arbeitskollektiv ist nach sozialistischer Auffassung das entscheidende. Dabei ist jedes Kollektiv eine Gruppe, aber nicht jede Gruppe ein Kollektiv. Der Unterschied besteht darin, daß das Kollektiv eine Arbeitsvereinigung von Menschen mit gleicher allgemeiner Zielsetzung ist, die mit dem Ziel der sozialistischen Gesellschaft übereinstimmt. Dazu hat das Kollektiv bestimmte Rechte und Pflichten sowie ethische Prinzipien des Sozialismus und Kommunismus zu vertreten. Es hat eine zweidimensionale Gliederung: horizontal im Verhältnis zu anderen Kollektiven und im Verhältnis der Mitglieder des Kollektivs; vertikal nach innen in Funktion, Rolle und Rang, nach außen in der Beziehung zu ranghöheren Kollektiven. Als innere Struktur des Kollektivs gelten ein aktiver Kern, eine bereitwillige Reserve und ein indifferenter Rest. Den aktiven Kern bilden die Mitglieder der Partei der Arbeiterklasse. Die gemeinsame Arbeit im Kollektiv ist die formende Kraft der gesellschaftlichen Einflüsse und die Voraussetzung für die Entwicklung der Persönlichkeit. So wird der Kollektivismus in der Arbeit zu einem bedeutsamen Erziehungsprinzip der sozialistischen Gesellschaft im Gegensatz zu jenen Richtungen der bürgerlichen Erziehung, die Individualismus und Egoismus in Arbeit und Beruf entwickeln [44, S. 233].

1.1.3 Synthetische Denkweise als Kontinuum

Zwischen der traditionell kontrastierenden Auffassung von Arbeit und Beruf und der eindimensionalen, arbeitsbezogenen Richtung gibt es verschiedene Übergangsthesen und Variationen zur synthetischen Meinungsbildung. Sie ergeben sich zunächst aus einer Negation jenes wertbetonten Berufsbewußtseins, das weder der technisch beeinflußten Arbeitswirklichkeit noch dem allgemeinen Verständnis von der Aufgabe und Einstellung des Arbeitenden in der modernen Gesellschaft entspricht. Wer wollte etwa einem Bergmann oder Hüttenarbeiter, den Kernberufen der sogenannten alten Industrie, soziales und fachliches Bewußtsein absprechen, auch wenn er seine Arbeiten ohne besondere Ausbildung verrichtet. Wie könnte man einen Ingenieur oder Steiger von materiellen Überlegungen bei Funktions- und Positionsentscheidungen freisprechen. Am deutlichsten wird die

Antiquiertheit des wertbetonten Gegensatzes von Arbeit und Beruf in der Gegenüberstellung von Erwerb = Disharmonie und Dienst = Harmonie, die man nur als ein ideologisches Vorurteil der Vergangenheit verstehen kann.

Mit quantitativen und qualitativen Argumenten wird die moderne Entwicklung der Arbeits- und Berufswelt als Prozeß eines umstrukturierenden sozialen Wandels gedeutet, für die es eine Reihe von mehr oder weniger globalen und kategorialen Aussagen gibt. Bei der quantitativen Argumentation werden z. B. die mehr als 20 000 Berufsbezeichnungen angeführt, die in der Mehrheit nur Teiltätigkeiten und spezielle Verrichtungen eines ehemaligen beruflichen Ganzheitsvollzuges betreffen. Selbst diejenigen Bezeichnungen, die nach den bildungsmäßigen und fachlichen Voraussetzungen sowie nach dem Aufgabenbereich noch als beruflich „echt" angesehen werden, sind oft genug mehr oder weniger konstruiert, erdacht oder bestimmt. In einem „Wörterbuch der *Berufs*bezeichnungen" [89], das eine Auslese von 2600 verschiedenen Benennungen enthält, ist außerdem ein nicht geringer Teil dieser „Berufe" ohnehin mit dem Begriff „Arbeiter" verbunden, z. B. „Freiarbeiter", eine in der Landwirtschaft übliche Bezeichnung von kurzfristigen Arbeitsverhältnissen, oder „Gelegenheitsarbeiter" oder „Handelshilfsarbeiter", „Innereiarbeiter", „Salinenarbeiter". Andere Gruppen von diesen sogenannten „Berufsbezeichnungen" beziehen sich auf derart einfache und arbeitsteilige Tätigkeiten, daß nicht ein einziges Kriterium herkömmlicher Berufsauffassung anwendbar ist. In der arbeits- und berufssoziologischen Literatur spricht man deshalb vielfach von dem Prozeß der „Entberuflichung", und zwar nicht nur wegen dieser fast unübersehbaren zahlenmäßigen Ausdehnung von Erwerbstätigkeiten, sondern auch wegen der Dequalifizierung.

Diese Argumentation würde die Schlußfolgerung nahelegen, den Begriff Beruf in der allgemeinen Terminologie ganz zu streichen. Das würde also die Berechtigung der monistischen Einstellung zu dem Komplex Arbeit und Beruf bedeuten. Diese Richtung läßt sich schon deshalb nicht rechtfertigen, weil in ihr alles das zugeschüttet wird, was nicht nur in den vertikalen, sondern auch in den horizontalen Zuordnungen der Positionen und Professionen besteht. Soweit die Egalisierung nach dem Grundsatz geschieht „vor dem Gesetz sind alle Menschen gleich", entspricht das einer demokratischen Rechtsordnung, im übertragenen Sinne könnte man auch sagen „in der Arbeit für die Gesellschaft sind alle Bürger gleich". Aber genau so, wie es Begabungsinteressen und Zielunterschiede der Lebensgestaltung gibt, so sind Gradunterschiede auf der Skala von Arbeits- und Berufspositionen nicht nur subjektiv möglich, sondern auch gesellschaftlich notwendig. Ohne Rücksicht auf ideologische, nationale, politische oder religiöse Wertsysteme sind eine Gesellschaft und ihre institutionalisierte Ausdrucksform, der Staat, nur durch horizontale und vertikale Differenzierungen funktionsfähig. Selbst in primitivsten Sozialordnungen mit einem hohen Prozentsatz von Analphabeten, in denen der Begriff Beruf überhaupt nicht verstanden wird, finden wir derartige hierarchische und funktionale Differenzierungen und Distanzen.

In Ansehung dieser sozialen Strukturzwänge gelangen immer mehr Autoren der Arbeits- und Berufssoziologie zu der Überzeugung, daß zwar die traditionelle Berufsauffassung der Realität des modernen Lebens widerspricht, daß andererseits aber die Negierung aller Unterschiede ebenso irreal und deshalb ideologisch belastet ist. Damit ist die Frage nach einer Synthese der Auffassungen von Arbeit und Beruf gestellt, d. h. nach einer komplexen, aber in sich differenzierten Ganzheit dieser beiden sozialen Phänomene als Gegenstand der Soziologie. Analyse und Anwendung dieser synthetischen Denkweise bilden die Hauptaufgabe der modernen Arbeits- und Berufssoziologie. Als Beispiel für eine solche Denkweise können die Kriterien der Arbeitsbewertung herangezogen werden, die in den verschiedenen Leistungssystemen der Gegenwart enthalten sind. In einem dieser Systeme werden sieben elementare Merkmale der Leistung nach fünf oder mehr Graden eingestuft: Geschicklichkeit und Handfertigkeit, Aufwand an Körperkraft, Voraussetzungen an Intelligenz und Ausbildung, Verantwortung für Material und Gerät, Aufwand an Intelligenz, Arbeitsbedingungen und Gefährdungsgrad [24]. Daran ist ohne weiteres ersichtlich, daß diese Kriterien auf alle Positionen von Arbeit und Beruf angewandt werden können, ohne damit schon eine Vollständigkeit der Merkmale behaupten zu wollen. Mit ihrer Graduierung nach fünf oder mehr Anforderungsstufen läßt sich eine Punktzahl für jede Arbeits- und Berufstätigkeit ermitteln und für alle derartigen Tätigkeiten eine kontinuierliche Reihe, an deren Anfang etwa eine Leistung mit hohem Aufwand an Körperkraft, schwierigen Arbeitsbedingungen, hohem Gefährdungsgrad und einem geringen Aufwand von Intelligenz steht, während an ihrem Ende die Anforderungen und der Aufwand an Intelligenz und Ausbildung sowie Verantwortung und ähnliche Bewertungskriterien zu markieren wären. Dieses Beispiel ist zwar dem arbeits- und berufssoziologischen Gebiet nahe verwandt, hat aber mehr betriebswirtschaftliche und arbeitsphysiologische Bedeutung. In soziologischer Perspektive werden wir uns mit anderen Indikatoren, Elementen und Faktoren zu befassen haben.

1.1.4 Abgrenzung gegenüber anderen Lehr- und Forschungsbereichen

Die Arbeits- und Berufssoziologie wird häufig als Tochterwissenschaft der Industrie- und Betriebssoziologie bezeichnet. Das ist nur mit Einschränkungen zu akzeptieren. Wenn man Industrie- und Betriebssoziologie auf durch „Industriebetrieb und Industriearbeit gegebene Erscheinungen" [5, S. 16] begrenzt, so geht die Soziologie der Arbeits- und Berufswelt schon nach ihrem Gegenstand weit über diesen Rahmen hinaus. Auch in der theoretischen und terminologischen Fundierung liegen manche Probleme außerhalb des industriellen Systems. Gleichwohl können wir festhalten, daß die Bereiche dieser beiden Spezialwissenschaften sich wie zwei Kreise verhalten, die in einem sich überschneidenden Sektor gemeinsame Fragen und Aufgaben zu bearbeiten haben. In ähnlicher Weise kann man die Beziehung und Abgrenzung der Arbeits- und Berufssoziologie gegenüber der Wirtschaftssoziologie deuten. Gegenüber den nicht-soziologischen Wissenschaften von Arbeit und Beruf ist die Begrenzung leichter nachzuweisen.

1. Für die Technik und Technologie sind Arbeit und Beruf eine Frage der menschlichen Anpassungsfähigkeit an die technische Entwicklung, an die Bedienung technischer Apparate

und Maschinen, an die Aufnahme technischer Neuerungen und an ein technozentrisches Denken, das möglichst wenig durch menschliche Unvollkommenheiten gestört werden soll. Den Ingenieur interessiert in erster Linie, ob und wie der Mensch mit der Technik und ihrer Dynamik fertig wird. Wie fehlerhaft das unbekannte Wesen Mensch ist, beweisen die Technologen immer wieder durch einen Vergleich mit elektronischen Steuermechanismen. Die Maschine kann ohne Schlaf Dauerarbeit leisten, sie streikt nicht oder nur selten und erfüllt alle Anweisungen ohne Widerspruch. „Maschinen sind leichter zu kontrollieren als Menschen, je mehr Maschinen, desto weniger Leute, und um so leichter ist dann das Kontrollproblem" sagt ein amerikanischer General-Manager.

2. Für die ökonomische Sichtweise liegt das Problem ähnlich: je automatisierter und vollkommener der technische Apparat, desto höher die Produktivität von Dauerleistungen, desto weniger Menschen sind erforderlich. Der Einsatz von Menschen ist unökonomisch, und damit werden Tätigkeiten und Funktionen des Menschen in Arbeit und Beruf zu einer Kostenfrage.
3. Für den Arbeitsphysiologen steht weniger der Ersatz des Menschen durch die Maschine, als die Aufgabe der Entlastung, insbesondere von physischen Anforderungen und psychischen Überforderungen im Zentrum und Ziel seiner Lehre und Forschung. Die so definierte Aufgabe bedeutet für diese Disziplin allerdings eine Wende gegenüber der früheren Auffassung, in der die Anpassung des Menschen an die Technik, an die Maschine und ihren Rhythmus das Hauptthema war.
4. Für die Psychologie können zwei Aspekte des wissenschaftlichen Interesses an Arbeit und Beruf konstatiert werden: einmal die Frage nach der Eignung und Begabung des Menschen, zum anderen nach den psychischen Wirkungen technischer Arbeitsverfahren, z. B. der Fließbandarbeit oder der Monotonie auf die Verhaltenskondition und Leistungsfähigkeit des Menschen. In den 20er Jahren standen Probleme der Entseelungseffekte durch technisierte Arbeit und

der Arbeitsfreude im Vordergrund psychologischer Untersuchungen, die heute wieder an Bedeutung gewinnen.

Seit langem umstritten sind die Beziehungen der Arbeits- und Berufssoziologie zu den sogenannten Arbeitswissenschaften, zu denen außer den zuvor genannten Arbeitstechnik, Arbeitsphysiologie und Arbeitspsychologie auch die Arbeits- und Betriebspädagogik und andere gehören. In der Geschichte dieser Beziehungen kann man drei Phasen unterscheiden: In der ersten wurden alle diese Lehr- und Forschungsgebiete im Rahmen der Sozialwissenschaften ohne Spezialisierung, höchstens als Gegenstand von besonderen Vorlesungen, Übungen und Seminaren behandelt. Das gilt vor allem für die Bestrebungen und Untersuchungen des Vereins für Sozialpolitik in der Zeit bis zum Beginn des Ersten Weltkrieges[1]. Die zweite Phase begann in den 20er Jahren zwischen den beiden Weltkriegen durch die Entwicklung von Spezialwissenschaften wie Psychotechnik, Arbeitsphysik und Berufspädagogik (Arbeitsschule), mit der Tendenz einer zunehmenden Distanzierung gegenüber sozialwissenschaftlichen Fragestellungen und Methoden. Der Hauptgrund war die einseitige Leistungsorientierung dieser neuen Disziplinen unter dem Gesichtspunkt der Anpassung des Menschen an Industriebetrieb und Industriearbeit. Die dritte Phase brachte eine Umorientierung der Psychotechnik zur Arbeitspsychologie, der Arbeitsphysiologie zur Anpassung der Maschine an den Menschen und der Betriebspädagogik auf Arbeitspädagogik. Als Folge dieser sich mehr und mehr verbreitenden Anerkennung von Arbeit und Beruf als wissenschaftliche Erkenntnisobjekte mit unterschiedlichen Perspektiven fanden sich die verschiedenen Disziplinen wieder zu gemeinsamen Tagungen und Forschungen unter dem Thema Arbeitswissenschaften zusammen. In der im Jahre 1953 ge-

[1] Der Verein für Sozialpolitik wurde im Jahre 1872 von einer Gruppe von Wissenschaftlern (Sozialwissenschaftler, Sozialpolitiker, Juristen usw.) unter Führung von Gustav Schmoller gegründet. Dieser Verein hat nicht nur für die wissenschaftliche Fundierung der Sozialpolitik, sondern auch für die Sozialgesetzgebung (Bismarck'sche Sozialversicherung) große Bedeutung gehabt. Man nannte einige Mitglieder wegen dieser Aktivität später „Kathedersozialisten".

gründeten Gesellschaft für Arbeitswissenschaft e. V. erhielt auch die Arbeits- und Berufssoziologie eine gleichberechtigte Vertretung.

Trotz dieser konvergierenden Tendenzen der verschiedenen Wissenschaftsbereiche innerhalb der Arbeitswissenschaften hat die Arbeits- und Berufssoziologie nach Gegenstand, Methode, Theorie und Terminologie den Charakter einer Spezialwissenschaft, für die die Zusammenarbeit mit den übrigen Disziplinen innerhalb der Soziologie und der Arbeitswissenschaften eine fruchtbare, zukunftsorientierte Entwicklung erwarten läßt.

1.2 Allgemeine und spezielle Orientierungen für Studium und Anwendung der Arbeits- und Berufssoziologie

1.2.1 Zum Verhältnis von Theorie, Empirie und Anwendung in der Soziologie

Die Soziologie ist eine analytische Wissenschaft, die das Gefüge der Gesellschaft und das Wechselspiel der in ihr waltenden Kräfte zum Gegenstand hat. Die soziologische Wissenschaft und Forschung erstrebt gedankliche Ordnung der empirischen Wirklichkeit. Diese beiden Definitionen der Soziologie als Wissenschaft bilden für das Studium und die Anwendung der Arbeits- und Berufssoziologie einen geeigneten Rahmen, denn Arbeit und Beruf sind nicht nur sektoral im Gefüge der Gesellschaft, sondern auch funktional für die in ihr waltenden Kräfte von besonderer Bedeutung. Sie bilden einen wesentlichen Teil der empirischen Wirklichkeit, vor allem der Industriegesellschaft, deren Integrations- und Funktionsfähigkeit durch die wissenschaftliche Ordnung beeinflußt wird und sozial bedingt ist. Überblick und Einsichten in diesem Bereich setzen die Kenntnis von Denkweise, Problemstellung, Theorie und Methodik dieser Wissenschaft voraus, für die teilweise allgemeinwissenschaftliche, zum anderen Teil aber auch spezielle Orientierungen grundlegend sind. In den folgenden thesenartig formulierten Sätzen sollen solche Orientierungen sowohl für das Studium wie auch für die Umsetzung soziologischer Erkenntnisse in soziale Ordnung gegeben werden.

1. Die soziologische Denkweise ist analytisch und kritisch, d. h. fremdkritisch gegenüber allen Problembereichen, mit denen sie zu tun hat, und es gibt kaum einen, der davon ausgeschlossen werden könnte, und selbstkritisch im Hinblick auf die Auswahl der Gegenstände, ihrer Methoden und Thesen. Die empirisch-soziologische Lehre und Forschung ist dabei auf Datensammlung und Faktenanalyse eingestellt, weil ohne empirisch gewonnenes Material die Grundlagen für ihr wissenschaftliches Ordnungsdenken in der Gesellschaft und ihren Teilbereichen fehlen. Die Arbeits- und Berufssoziologie befindet sich angesichts dieser Aufgaben und Ziele noch in einem Anfangsstadium.
2. Die Entwicklung der arbeits- und berufssoziologischen Wissenschaft hängt von der Förderung des Problembewußtseins ab, also dem Erkennen von Fragestellungen und der Formulierung von Hypothesen. Hier gilt das Wort: „Eine gut gestellte Frage ist die halbe Antwort." Als ein allerdings noch sehr vorläufiges Beispiel für Problembewußtsein mag die Unterteilung von traditioneller, monistischer und synthetischer Auffassung dienen, die auf eine kritische Prüfung bisher bestehender Deutungen zum Thema Arbeit und Beruf zurückgeht und zu einer synthetischen Denkweise als Hypothese gelangt, deren Gültigkeit und Realitätsbezogenheit zu beweisen ist.
3. Zur Formulierung solcher Fragestellungen und Hypothesen gehört die Fähigkeit, Wirkungszusammenhänge zu erkennen. Das gilt mit besonderer Betonung für die Arbeits- und Berufssoziologie, weil sie sich nicht mit der Analyse von Daten und Fakten begnügen kann, sondern Hintergründe und Motivationen erfassen muß. Je gründlicher dieses kombinatorische Bemühen ausgebildet wird, desto allgemeingültiger können die daraus gezogenen Schlußfolgerungen sein, etwa aus den Beziehungen zwischen dem Professionalisierungsgrad einer Arbeits- und Berufsposition und dem Status des Inhabers oder einer sozialen Gruppe.
4. Die richtige Fragestellung grenzt das Thema ab und die Erfassung der Wirkungszusammenhänge kann zur Übersicht über die Problemdifferenzierung und den dazugehörigen

Stoff führen. Am Beispiel eines Apfels deutlich gemacht heißt das: Die Fragestellung ist sozusagen der Kern, der Wissensstoff oder das erhobene Material die Frucht, ihre Schale die Begrenzung eines Problems.

5. Jede Spezialwissenschaft hat ihre eigene Terminologie, die in der Regel anders ist als die Alltagssprache. Es gibt einen verstiegenen Intellektualismus, der sich an Fremdwörtern berauscht und der zum Beispiel zu dem Vorwurf des „Soziologie-Chinesisch" geführt hat. Keine Wissenschaft kann aber auf ein Mindestmaß eigenständiger Sprache verzichten, weil sie zu einer klaren Begriffsbildung erforderlich ist. Dazu gehört auch eine eigenständige Deutung von Begriffen der Umgangssprache. Wenn z. B. der Soziologe von der Rolle eines Individuums spricht, so meint er nicht das Verhalten selbst, sondern die Verhaltenserwartungen der Umwelt. Es ist die Kunst soziologischer Begriffsbildung, zwischen Wissenschaft und Wirklichkeit einen gemeinverständlichen Ausdruck zu finden. Das fordert auch die Arbeits- und Berufssoziologie, die so eng mit der Realität des sozialen Lebens verbunden ist.

6. Zum Studium einer Wissenschaft gehört auch die Beherrschung ihres Instrumentariums, damit meinen wir vor allem den Begriffsapparat und das theoretische Fundament. Definitionen in verständlicher Form sind kognitive Bedingungen wissenschaftlichen Denkens. Das gleiche gilt für die Kenntnis und Anwendung von Theorien. Was eine Theorie ist, wird von den verschiedenen Disziplinen unterschiedlich definiert. Für ein vorwiegend empirisch-soziologisch orientiertes Lehr- und Forschungsgebiet wie die Arbeits- und Berufssoziologie kann die folgende Begriffsbestimmung als Anregung dienen: „Theorie ist eine generelle Aussage über deduktiv oder induktiv abgeleitete Gemeinsamkeiten verschiedener sozialer Phänomene." Die deduktive Richtung des Denkens führt vom Allgemeinen zum Besonderen, in unserem Falle auch vom Theoretischen zum Empirischen, die induktive vom Besonderen zum Allgemeinen oder von der Faktenanalyse zu theoretischer Aussage. Ein Beispiel für beide Denkweisen bietet die Theorie der Gruppe: Die drei

Elementarfaktoren dieser Theorie, Aktivität, Gefühl und Interaktion, sind sowohl induktiv aus einer großen Zahl von empirischen Untersuchungen über verschiedene Sozialformen, z. B. Familie, Gruppe im Betrieb, Jugendgruppe, gewonnen, als auch in Auswertung anderer theoretischer Ansätze deduktiv erkannt worden.

7. Ein besonderes Problem bildet für jede Wissenschaft das Verhältnis von Theorie und Anwendung. Man kann es wie folgt differenzieren:
   (1) Anwendung der Theorie auf die Empirie, also soziologischer Begriffe und allgemeingültiger Erkenntnisse auf die geistige Ordnung von Daten und Fakten;
   (2) Anwendung soziologischer Orientierungsmittel auf den Nachweis von Mitteln und Wegen für gegebene Ziele sozialer Gestaltung, gewöhnlich als Soziotechnik bezeichnet;
   (3) unmittelbare Übertragung vorwiegend empirisch gewonnener Ergebnisse und Empfehlungen auf soziale Ordnungspolitik oder Sozialpolitik. Diese Transformation liegt nach strenger Objektivitätsauffassung außerhalb der soziologischen Forschung. Andere Auffassungen sehen nicht nur diese Praxisorientierung, sondern auch die Soziotechnik als normativen, aber auch legitimen Bereich soziologischer Lehre und Forschung an. Sie verstehen die Soziologie als eine Emanzipationswissenschaft mit der Aufgabe, „den Spielraum für rationales Handeln und damit auch für den Gebrauch der Vernunft bei der Gestaltung der gesellschaftlichen Wirklichkeit zu vergrößern" [19, S. 17].

8. Für die gedankliche Ordnung der empirischen Wirklichkeit bedient sich die Soziologie nicht nur eines begrifflich-theoretischen Instrumentariums, sondern auch der systematisierenden und typologischen Hilfsmittel zur Unterscheidung und Veranschaulichung von sozialen Phänomenen und Gebilden. Zu den ersteren gehören die Darstellungen von Strukturen und Zusammenhängen in schematischer Form als Wirkungsmodelle oder Systembereiche, z. B. das Wirkungsmodell Gesellschaft, Wirtschaft, Kultur, Politik, und das System der

Lebensbereiche, die in diesem Buch entwickelt werden. Typologische Hilfsmittel werden sowohl für die Analyse unterschiedlicher personaler und sozialer Bezugsrahmen wie auch für die Unterscheidung von Phasen und Kategorien historischer Abläufe verwendet. Als Beispiele können die hier verwendeten typischen Beziehungen zwischen Arbeitszeit und Freizeit wie auch die Phasen und Funktionen der Industrialisierung und des sozialen Wandels dienen.

Die vorstehenden Orientierungshilfen gehen von der Annahme aus, daß die wissenschaftliche Fundierung einer arbeits- und berufsbezogenen Praxis anerkannt und angestrebt wird.

1.2.2 Zur Gliederung und Systematik

Aus der Entscheidung für die synthetische Denkweise in den Beziehungen zwischen Arbeit und Beruf, die gleichwohl durch Rückblicke auf die beiden anderen, insbesondere die traditionelle Auffassung, wiederholt geprüft werden soll, ergeben sich drei Problembereiche für die Gliederung und Systematik des Inhalts: die Fragen nach den Dimensionen für den Nachweis des Kontinuums, nach dem gesamtgesellschaftlichen Bezugssystem und nach dem personalen Bezugsrahmen. Grundlage für die Beantwortung dieser drei Fragen ist die Komplexität von Arbeit und Beruf mit ihren differenzierenden und spezialisierenden Kriterien. Sie erfordert zwar nicht in jedem Falle die Nennung beider Begriffe, aber die ständige Beachtung ihres Inhalts, der, wenn überhaupt, allgemein auf den Arbeitsbegriff, also nicht auf Beruf bezogen wird. Diese komplexe Betrachtungsweise ist, wie wir schon an anderer Stelle betont haben, in der einschlägigen soziologischen Literatur, soweit man ihre Titel und Terminologie ansieht, nicht deutlich zum Ausdruck gekommen. Hansjürgen Daheim gibt seiner Veröffentlichung die Überschrift „Der Beruf in der modernen Gesellschaft" und hält sich im allgemeinen auch daran, wenn er über Berufspositionen, ihre Differenzierung, Professionalisierung und Klassifizierung schreibt, und verwendet das Wort Arbeit nur im Zusammenhang mit Arbeitsorganisation und Arbeitsgruppe. Auch der Untertitel „Versuch einer soziologischen Theorie beruflichen Handelns" zeigt, daß im Gegensatz zu der hier vertretenen komplexen Denkweise mit dem Schwerpunkt „Arbeit" die Priorität des Berufsbegriffs gewahrt bleibt [6]. Das ist auch in anderen Beiträgen zum Thema zu beobachten, selbst dort, wo der Titel „Arbeit und Beruf" eine zumindest gleichgewichtige Beachtung beider sozialer Phänomene erwarten läßt [71; 72]. Seinen Beitrag zum Problem der Professionalisierung bezieht Hans Albrecht Hesse ebenfalls nur auf „Berufe im Wandel" [26] und läßt den Arbeitsbegriff nur insoweit in Erscheinung treten, als wirtschaftlich technische Fragen des sozialen Wandels der Berufswelt angesprochen werden. Gegenüber dieser vornehmlich berufsorientierten Perspektive der deutschen soziologischen Literatur zeigt die anglo-amerikanische Soziologie vorwiegend Interesse an der occupation-profession-Thematik als Kontinuum. Beispiele aus der jüngsten Zeit sind etwa „Sociology of occupations and professions" von Ronald M. Pavalko [63] und „Professionalization", herausgegeben von Howard M. Vollmer und Donald L. Mills [85], in denen occupation und work die eigentlichen Objekte der professionalization sind. Wir können also feststellen, daß in der deutschen Literatur die Berufssoziologie, in der anglo-amerikanischen aber die Arbeits- und Beschäftigungssoziologie den hier behandelten Gegenstand beherrschen. Dementsprechend lautet unsere Grundthese, daß durch Professionalisierung nicht nur Berufspositionen entstehen, sondern auch horizontale und vertikale Strukturen von Arbeitspositionen. Damit kommen wir auf die zuvor genannten drei Problembereiche zurück.

Die Frage nach den Dimensionen für den Nachweis des Kontinuums zwischen Arbeit und Beruf ist zugleich eine Frage nach dem komplexen Inhalt der Arbeits- und Berufswelt. Damit meinen wir die endogenen Beziehungen von Arbeits- und Berufspositionen, ihre universalen Merkmale sowie die Prozesse und Bestimmungsfaktoren der fließenden Übergänge. Dieser differenzierte Nachweis universaler Verbindungen und Tendenzen ist Aufgabe des zweiten Teils. Im Mittelpunkt steht nicht eine Theorie beruflichen Handelns, sondern ein kognitiver Versuch, den Prozeß der Professionalisierung als Kontinuum zu begründen. Dabei werden allgemeine soziologische Theorien, wie die der sozialen Rolle, von Funktion, Status und Prestige, als Positionsmerkmale zur Anwendung kommen. Dieser Teil bezweckt also eine theoretische und empirische Darstellung und Analyse des Innenverhältnisses von Arbeit und Beruf und bildet damit den Hauptteil.

Im Außenverhältnis wird zunächst nach der Einordnung von Arbeit und Beruf als Subsystem im Bezugsrahmen von Gesellschaft, Politik und Kultur und nach ihrem Standort als Handlungsfeld innerhalb der Lebensbereiche des Menschen gefragt. Die Sichtweise ist in beiden Fällen makrosoziologisch orientiert, also Arbeit und Beruf als soziales Bezugssystem, und zwar auch dort, wo von ihrer Stellung in den Lebensbereichen die Rede ist, denn das hier behandelte Gebiet ist weder eine „Arbeiter-Soziologie", noch eine „Soziologie von Berufstätigen oder professionals". Deshalb werden hier primär makrosoziologische Theorien, wie soziales System und sozialer Wandel, und gesamtgesellschaftliche, vorwiegend industriegesellschaftliche Prozesse berücksichtigt. Selbst die Organisationssoziologie sowie der ganze Bereich der Berufsverbände, also vornehmlich der Gewerkschaften, und ihrer Aktivitäten und Konflikte sind für die komplexe Konzeption von Arbeit und Beruf nur Randerscheinungen. Der Teil dieser Schrift, der sich mit den gesamtgesellschaftlichen Bezügen befaßt, behandelt im dritten Abschnitt die strukturellen und statischen Fragen im sozialen System, im vierten Abschnitt den Einfluß von Veränderungen des sozialen Systems auf Arbeit und Beruf im sozialen und technischen Wandel.

Auch der personale Bezugsrahmen, anders ausgedrückt, die Beziehungen zwischen der soziokulturellen Person und Arbeit und Beruf, ist vom Konzept der Komplexität aus betrachtet ein Außenverhältnis, denn hier werden die Faktoren und Determinanten der Arbeits- und Berufswelt behandelt, die den Menschen als Objekt in verschiedenen Wirkungszusammenhängen und Altersphasen beeinflussen und formen. Es handelt sich also um Sozialisationsprobleme für zugewiesene und erworbene Eigenschaften der soziokulturellen Person, soweit sie das Arbeitsleben betreffen. Andere Sozialisationsfaktoren außerhalb dieser Arbeits- und Berufswelt, wie Schule, Berufsberatung, Berufsschule, werden in diesem personalen Bezugsrahmen, wie bereits einleitend begründet wurde, nicht berücksichtigt, zumal sie anderen Veröffentlichungen vorbehalten sind. Dieser fünfte Teil bildet die dritte Dimension der Gliederung und Systematik, in der Probleme der sozialen und personalen Beziehungen zu Arbeit und Beruf zusammenkommen. Ein Blick in die künftige Entwicklung des sozialen Stellenwertes von Arbeit und Beruf in der postindustriellen Gesellschaft und ihren Beitrag zur Gestaltung künftiger Lebensqualität schließt mit dem Teil sechs das Thema ab.

Die im Anhang enthaltene Zusammenfassung ausgewählter Definitionen und schematischer Darstellungen geht auf besondere Interessen von Studenten und Praktikern zurück und hat sich im Lehrbetrieb als nützlich erwiesen; soweit notwendig und möglich, werden hier soziologische Begriffe auf die Arbeits- und Berufssoziologie bezogen. Der Stufenplan empirisch soziologischer Untersuchungen kann dagegen nur als allgemeine Übersicht für weitergehende Interessen an diesem Forschungsgebiet gelten.

2. Die Beziehungen zwischen Arbeit und Beruf als Kontinuum

2.1 Ausgleichende Denkweisen und Prozesse in der modernen Gesellschaft

In der Industriegesellschaft sind ausgleichende Tendenzen allgemeiner und spezieller Art festzustellen, die sowohl zwischen sozialen Systemen als auch Lebensbereichen fließende Übergänge bewirken oder zumindest erstreben. Wir sprechen z. B. von der Durchlässigkeit im Bildungswesen, was soviel bedeutet wie die Öffnung von Sackgassen zwischen verschiedenen Bildungsebenen zur Erreichung einer Chancengleichheit. Wir beobachten die Beseitigung von Schranken zwischen Schichten und Klassen, die in der überlieferten Gesellschaftsordnung scharf voneinander getrennt waren. Dadurch werden soziale Distanzen zwischen Einzelnen und Gruppen oder sozialen Gebilden nicht nur verkürzt, sondern zum Teil auch aufgelöst, z. B. zwischen Arbeitern und Angestellten, Professoren und Studenten, Eltern und Kindern, Unternehmern und Mitarbeitern. Es bilden sich neue soziale Tatbestände heraus, die ein Überprüfung der inneren Gesetze unserer Zeit erforderlich machen. Ihr allgemeines Ziel könnte man etwa dahingehend formulieren, für die in der gegenwärtigen industriellen Sozialordnung noch vorhandene „Zersiedlung der Lebenslandschaft", wenn dieser Vergleich gestattet ist, eine Gemengelage zu schaffen. Eine Welt, die nicht nur „morgens um sieben noch in Ordnung" sein soll, braucht eine vielseitige Durchlässigkeit. Dazu nur einige Beispiele:

Die Aufteilung der Lebenslandschaft zeigt sich schon in der starren Dreiteilung von Jugenderziehung, Erwerbstätigkeit und Rentnerdasein. Bis zu einem bestimmten Alter gehört der junge Mensch in die Erziehung durch Elternhaus und Schule und nicht in den Arbeitsprozeß, und von einem bestimmten Lebensalter an wird er aus der Arbeit und damit aus habitualisierten Verbundenheitsformen in Arbeit und Beruf ausgeschaltet. Die Folgen einer solchen Lebenslaufstruktur zeigen sich in wachsenden Schwierigkeiten der Erziehung und Schulbildung, insbesondere in der Autoritätskrise auf der einen Seite und in Isolierungen, Frustrationen bis zum frühen Tod durch Pensionierungsschock bei den alten Leuten. Um fließende Übergänge zu schaffen, suchen Erziehung und Schulbildung immer mehr Anschluß an die Wirklichkeit der Industriegesellschaft in Arbeit und Beruf und für das Alter die Flexibilität in der Entscheidung über die Altersruhegrenze.

In der Familie können wir zwischen Haushalt und Betrieb ähnliche Tendenzen beobachten. Nach traditioneller Aufgabenverteilung ist der „Haushaltungsvorstand" für die Beschaffung der Existenzmittel und die Ordnung der Familie zuständig. Man nannte und nennt ihn den Ernährer der Familie. Mit der zunehmenden Frauenerwerbstätigkeit, dem frühen Kontakt der Kinder zur Arbeits- und Berufswelt und der Ferienarbeit von Schülern und Studenten wird dieser einseitigen Wirtschafts- und Sozialstruktur der Familien allmählich ein Ende bereitet. Es entwickelt sich zwar nicht die gleiche Sozialform der Arbeitsteilung wie auf dem Bauernhof und im früheren Handwerk und Handel, aber immerhin eine vergleichbare Aufteilung der Versorgungs- und Sicherungsfunktionen auf alle Angehörigen.

Ein drittes Beispiel allgemeiner Bedeutung läßt sich in der Beziehung zwischen Arbeit und Freizeit erkennen. Da die Arbeitszeit immer kürzer wird und damit in der Lebenslandschaft die primäre Bedeutung verliert, besteht die Tendenz, der Freizeit nicht mehr nur Funktionen der Erholung und der Muße zuzuweisen, sondern sie in unterschiedlicher Beziehung zur Arbeits- und Berufswelt auszufüllen. Das kann in Fortsetzung, also komplementär zur Arbeits- und Berufstätigkeit geschehen, z. B. durch Ausarbeitung von Verbesserungsvorschlägen, durch Fortbildung und Fachbildung, oder kontrastierend in der Pflege von Hobbies: nicht nur, wie es in der Sozialgeschichte der Industriegesellschaft Jahrzehnte üblich war, im Schrebergarten, der mehr und mehr an Bedeutung verliert, sondern nach freier Entscheidung privat oder in Vereinen unterschiedlichster Art und im öffentlichen Leben. Solche Hobbyinteressen können also auch sehr individuell gepflegt werden, wie die Ausstellungen von Großbetrieben aus dem Freizeitschaffen ihrer Belegschaften (Malerei, bildende Kunst, Dichtung) beweisen. Hier von Übergängen zu sprechen, ist allerdings nur dann möglich, wenn auch die Starrheit der täglichen und wöchentlichen Zeiteinteilung durch gleitende Arbeitszeit und durchlaufende Arbeitsweise überwunden wird. Die für viele überraschend schnelle Verbreitung der gleitenden Arbeitszeit ist ein Anzeichen dafür, wie stark ausgleichende Interessen und Tendenzen zwischen Arbeit und Freizeit mitwirken.

2.2 Hypothesen des Kontinuums zwischen Arbeit und Beruf

2.2.1 Arbeit als universale Leistung

Arbeit als universale Leistung soll heißen Arbeit jeder Art für jede Profession unabhängig von Status und Prestige, für jede Position in- und außerhalb der geschlossenen Arbeits- und

Berufswelt. Danach haben alle Arten von Arbeits- und Berufspositionen die folgenden Charakteristika nur mit unterschiedlicher Priorität und Bedeutung [vgl. 63, S. 19 ff.]:

1. Wertvorstellungen in Beziehung zu zentralen Werten der Gesamtgesellschaft,
2. bestimmte und anerkannte Rollendefinitionen,
3. nicht nur physische und geographische, sondern auch soziale Grenzvorstellungen für Zugang und Leistung,
4. Identifikationsbindungen an Arbeitsgruppe und Betrieb,
5. bestimmte Normen für Zugehörigkeit und Entfremdung gegenüber der sozialen Umwelt,
6. entsprechenden Einfluß auf Gruppen und Betriebsangehörige,
7. soziale Kontrolle von Neuen, Ausbildern und Führungskräften,
8. professionales Kontaktverhalten mit einem besonderen Sprachschatz, der von Außenstehenden nicht immer verstanden wird.

Solche universalen Elemente bestimmen den Grad der individuellen und sozialen Verpflichtung und die Einstellung zur Arbeit, ohne daß dadurch Arbeitswechsel und Mobilität als Verrat angesehen werden.

Der vorstehende Katalog von Charakteristiken ist vorwiegend sozialpsychologisch orientiert, d. h. er richtet sich mehr an den Denkweisen und Verhaltensmustern von Menschen aus als an funktionalen Merkmalen von Arbeit und Beruf. Er zeigt in Konfrontation zu dem folgenden den Unterschied zwischen einer arbeiterbezogenen und arbeitsbezogenen Analyse. Man kann dabei durchaus die These vertreten, daß „erst die gekoppelte Analyse von Arbeitsinhalt und Arbeitsverhalten einen umfassenden Einblick in die Arbeitssituation" gibt [34, S. 62]. Gleichwohl ist für eine Arbeits- und Berufssoziologie in den Grenzen, wie wir sie eingangs gezogen haben, der Inhalt der Arbeits- und Berufswelt und nicht das Verhalten primärer Gegenstand. Nur dort, wo Inhalt und Verhalten eine untrennbare Einheit bilden, werden in dieser Schrift auch Probleme des Arbeitsverhaltens einbezogen.

Unter inhaltlichem Aspekt können wir die Arbeits- und Berufswelt zunächst auf folgende allgemeine Komponenten beziehen:

1. Die energetische Komponente, die sowohl qualitativ wie quantitativ physische, psychische und intellektuelle Energie enthält. Der Anteil dieser drei Energiebereiche ist nach Arbeits- und Berufssektoren unterschiedlich.
2. Die instrumentale Komponente, d. i. die Zielorientierung dieser Energien und ihr Einsatz zur Erreichung solcher Ziele. Auch hierbei müssen die zuvor erwähnten Arten des Energieaufwands unterschiedlich analysiert werden.
3. Die funktionale Komponente, die durch ihren Bezug auf einen sozialen Kontext besondere soziologische Relevanz hat: in Familie, Betrieb und Gesellschaft.
4. Die normative Komponente, die nicht nur als Pflichtgefühl, sondern auch als Zwang oder Druck verstanden werden kann. Hier einen Unterschied zwischen Arbeits- und Berufsfunktionen zu machen, dürfte nach unseren vorhergehenden Ausführungen über die Beziehungen zwischen Arbeit und Beruf als Vorurteil zu bezeichnen sein, da für beide Bereiche sowohl der Pflichtgedanke wie der Zwang zutreffend sein können [vgl. dazu 68, S. 57 f.].

Von diesem Grundmuster der Komponenten läßt sich die universale Bedeutung von Arbeit und Beruf für das Kontinuum in folgender Weise definieren:

> Arbeit ist eine kollektive Dauerform und hat als solche in der fortgeschrittenen Gesellschaft institutionellen Charakter. Sie wird als Sozialform durch die Gesellschaft legalisiert, weil sie der Befriedigung von gesellschaftlichen Bedürfnissen dient. Arbeit ist weiterhin organisierbar, und zwar in verschiedenen Organisationsgraden, auf ganz verschiedenen Ebenen und mit unterschiedlichen Intensitäten.

Die vorstehend entwickelte Definition mit gesellschaftsbezogenen Akzenten ist auf alle Arbeits- und Berufspositionen anwendbar, wenn auch mit unterschiedlicher Rangordnung der energetischen, instrumentalen, funktionalen und normativen

Komponenten. Mit der Gleichordnung der normativen, die in der traditionellen Berufsauffassung einseitig elitär als vokatives Element verstanden wurde, ist der Graben zwischen Arbeits- und Berufstätigkeiten im Sinne des Kontinuums überwunden. Dadurch gewinnt die Definition universale Bedeutung.

Außer den genannten Charakteristiken und Komponenten gibt es noch weitere Indikatoren für diese Bedeutung der Arbeit, die im folgenden nur in Thesen genannt werden sollen:

1. Arbeit als universaler Erfahrungsbereich des Lebens. Durch die Reduktion und zunehmende Introvertiertheit der industriegesellschaftlichen Familie hat der räumliche und funktionale Bereich des Arbeitsplatzes die Bedeutung von Erfahrungen aus erster Hand gewonnen, etwa durch die an der Arbeitsstätte übliche Kommunikation inner- und außerbetrieblicher Art. In der Familie werden immer mehr anstelle von solchen nur Sekundärerfahrungen aus der Massenkommunikation gewonnen.
2. Arbeit als universaler Kontaktbereich der Industriegesellschaft. An der Arbeitsstätte sind neben den formalen auch informale Sozialkontakte außerhalb der primären Gruppe der Familie möglich. Sie werden für das Rollengefüge des einzelnen besonders wichtig, wenn die Arbeitszeitverhältnisse, z. B. bei Schichtarbeitern oder Langstreckenpendlern, selbst den innerfamiliären Kontaktbereich begrenzen. Sie werden damit außerdem zum Präge- und Prüfraum für soziales Verhalten, für Verhaltensformen und Verhaltensmuster, die sich auf das außerbetriebliche Leben übertragen können.
3. Arbeit als universales Kriterium der Qualifizierung und Professionalisierung. Die Generalisierung des Arbeitsbegriffs, von der noch die Rede sein wird, hat gegenüber den Spezialisierungstendenzen im sogenannten Berufsbereich im Zusammenhang mit dem technischen Fortschritt, der Verwissenschaftlichung und der Auflösung herkömmlicher Sozial- und Berufsstrukturen den Rang eines Quantitätsmerkmals erhalten, das teilweise sogar an der Dauer der Arbeitszeit gemessen wird. Weit verbreitet ist die nicht unbegründete These, daß durch Arbeitszeitverkürzung für alle ausführen-

den Tätigkeiten die Arbeitszeit der planenden, leitenden und führenden Professionen sich ständig erweitert. Hier könnte man also vom Umschlag der Qualität in die Quantität sprechen, wiewohl das nicht der einzige Maßstab für die Positionsqualität ist.

4. Arbeit als universaler Faktor für die Bestimmung des gesellschaftlichen Standorts. In der vorindustriellen Gesellschaft war der Stand, in den der Mensch hineingeboren wurde, determinierend für sein Tätigkeitsfeld oder auch für ein arbeits- und berufsloses Leben. In der Industriegesellschaft bestimmen Art der Arbeit und die Einstellung zu ihr bzw. das Aspirationsniveau, das Aufstiegsstreben und damit die Leistung Standort und Status. Arbeit wird zum primären Statusfaktor des modernen Menschen, natürlich nur, wenn man sie in dem universalen Geltungsbereich sieht, von dem wir bei der Analyse des Kontinuums ausgehen.
5. Arbeit als universales Strukturmerkmal der Lebenslandschaft. Durch ihre qualifizierenden und quantifizierenden Eigenschaften bestimmt die Arbeit nicht nur die soziale Stellung und das Prestige, sondern auch den gesamten Lebenserfolg des Menschen in der Industriegesellschaft einschließlich des Professionalisierungsgrades, der durch Veränderungen der Rollenstruktur im Aufstieg realisiert wird. In der modernen Gesellschaft ist eine vertikale Erweiterung der Rollenstruktur dadurch zu einer breiteren Chance geworden, daß die Führungsschichten immer häufiger Aufstiegseliten und nicht mehr nur Herkunftseliten sind [19, S. 108].
6. Arbeit als universaler Bereich der Lebensstabilisierung. Soziale Sicherheit und damit Versorgung in allen Wechselfällen des Lebens werden in der sozialstaatlichen Ordnung durch Dauer und Professionalisierungsgrad der Arbeit bestimmt. Je länger ein Mensch in seinem Leben tätig ist und je höher der Grad seiner Funktion in der Gesellschaft, desto größer die Stabilisierung seiner primären und sekundären Umwelt. Dieser Zusammenhang trifft aber nur in bestimmtem Umfang für den Arbeitsbereich der Selbständigen zu, die mehr auf Eigenversicherung und -versorgung angewie-

sen sind. Die Instabilität dieser sozialen Gruppe in gewissen Lebensphasen, vor allem im Alter, gibt Anlaß zur ständigen Erweiterung des Personenkreises der Sozialversicherung.

Gegen diese universale Konzeption der Arbeit werden unter anderem zwei Gegenargumente erhoben. Das eine stützt sich auf die These, daß Arbeit nicht mehr das Leben und Denken des modernen Menschen erfüllt, sondern nur noch sektorale Bedeutung hat. Mit anderen Worten: Die Freizeitgesellschaft verändert den Stellenwert der Arbeit in ihrer Rangordnung und damit auch ihre Funktionsbreite. Demgegenüber läßt sich neben manchem anderen die Hypothese anführen, daß erst in einer Gesellschaft totaler Freizeit, also ohne Arbeits- und Berufsfunktionen, die Priorität und Universalität der Arbeit deutlich werden würden, nämlich als ein Vakuum der Lebenslandschaft.

Das zweite Argument wendet sich gegen die „Identität sämtlicher Arten und Formen von Arbeit" [84, S. 163]. Mit dieser Identität ist allerdings nicht die Eigenschaft der Arbeit als universale Leistung gemeint, sondern die Berufung von Inhabern unterschiedlich graduierter Positionen auf eine ideologisch begründete Gleichstellung ihrer Leistung mit der des Arbeiters. Dieses Gegenargument liegt außerhalb unseres Themas. Der soeben zitierte Autor gibt dafür durch seine Frage nach dem Sinn der Arbeit als menschliches Phänomen und als „Arbeit an sich" selbst eine Bestätigung.

In einem ganz anderen Sinne könnte man „Arbeit an sich" als universale Leistung mit dem Begriff Job verbinden, der allerdings in unterschiedlicher Weise verwendet wird. In der deutschen Umgangssprache hat sich dieses Wort als Bezeichnung für Gelegenheitsarbeit sehr verbreitet, als etwas, für das man keine Voraussetzungen zu erfüllen hat. In dieser Deutung wird Job offenbar auch von den bundesdeutschen Arbeitsämtern verstanden, wenn sie in der Mitte der Städte sogenannte Jobvermittlungsstellen eingerichtet haben, um den nur gelegentlich Arbeit Suchenden möglichst nahe zu sein. Der Job wird damit zu einem typischen Phänomen materialistischer Gesinnung und Arbeitsauffassung.

In englischen Wörterbüchern wird Job mit Stellung oder Arbeit übersetzt. Das entspricht weitgehend dem amerikanischen Verständnis, nach dem auch Können, Wissen und Leistung zum Job-Denken gehören. Das entscheidende Merkmal ist hier der Erfolg, der mit oder ohne spezielles Wissen errungen werden kann, und diesen Erfolg könnte man mit Position vergleichen, die auf der ganzen Skala der Professionalisierung stehen kann. Wenn der Amerikaner von seinem Generaldirektor sagt, „he has a fine job“, so meint er das nicht nur in finanzieller Beziehung, sondern auch nach Status und Prestige. Nach unserer Erfahrung hat das Job-Denken in der amerikanischen Arbeits- und Berufswelt vor allem zwei positive Folgen: Einmal trifft man in den USA so selten auf Positionsneid, weil Leistung und Können in Verbindung mit dem Erfolg, d. h. dem Job gesehen werden, zum anderen ist es die Ursache dafür, daß in zahlreichen Fällen führende Männer der Wirtschaft ihre hochdotierten Präsidentenposten aufgeben, um in der Verwaltung eine minderbezahlte, aber verantwortungsvolle Tätigkeit aufzunehmen. Der Job ist also sozusagen „institutionalisierter Arbeits- und Berufswechsel“ [13] und ein Anpassungskriterium an die Mobilität der modernen Industriegesellschaft. Es erscheint notwendig, die abwertende Verwendung dieses Begriffs in der deutschen Sprache zu überprüfen.

Einen Ansatz dazu gibt Karl Martin Bolte [3, S. 232 ff.], indem er nach der Job-Auffassung den Menschen als „funktionierendes Glied einer reinen Sachorganisation gesellschaftlicher Produktions- und Reproduktionsprozesse“ erscheinen läßt. Danach ist es sinnvoll, die Tätigkeit zu wechseln, wenn das zur Erzielung eines besseren Einkommens beiträgt. Wenn wir Erzielung eines besseren Einkommens nicht nur finanziell, sondern auch als Erfolg einer besseren Position verstehen, so trifft das den Kern unserer Deutung nach anglo-amerikanischem Verständnis. Der Autor aber verläßt diesen Ansatz, indem er sich mehr und mehr der in der Literatur üblichen Gegensätzlichkeit von Beruf und Job anschließt und sich zu der These verleiten läßt, daß „mit zunehmender Arbeitsteilung im Verlauf der Industrialisierung Tätigkeiten häufiger wurden, die die Tendenz zu einer Bindung an Arbeit in Form des Jobs mit sich bringen". Damit werden Beruf und Job zu zwei Arten der Bindung an Arbeit, bei denen wieder ein idealistischer und materialistischer Grundzug gegenübergestellt werden.

Die universale Bedeutung des Begriffs Job im amerikanischen Sprachgebrauch können wir an zwei Beispielen demonstrieren. Das erste entnehmen wir einem Beitrag mit dem Titel „Role of Job Design in Workers' Participation in Management" [15]. Als job design für Management werden darin zwei Aufgaben herausgestellt: einerseits, die Ziele durch möglichst effektiven Gebrauch der Produktionsgrundlagen jeder Art zu erreichen, andererseits, wachsende Möglichkeiten für die Erfüllung von Erwartungen der Arbeiter zu schaffen. Die erste Aufgabe bedeutet die Sicherung eines Gleichgewichts zwischen Belegschaftserwartungen und technologischem Fortschritt, die zweite einen Ausgleich zwischen Vorschriften und Selbständigkeit im Job, um die individuellen Bedürfnisse der Arbeiter zu beachten. Als fundamentales Element von job design wird die Verantwortung des Management bezeichnet, die kleinste Einheit im Betrieb, nämlich Mensch und Maschine, die einen unmittelbaren Beitrag zum Erfolg leistet, durch funktionale Orientierung in ihrer Verantwortung klar zu etablieren. In dieser Hinsicht gibt es zwischen Managern und Arbeitern keinen Unterschied, jeder von ihnen leistet seinen Beitrag nach den Voraussetzungen und Bedingungen des Arbeitsplatzes. „This is where job design becomes crucial" [15, S. 6]. Die Schlußfolgerung des Verfassers lautet deshalb: Job design in verschiedenen horizontalen und vertikalen betrieblichen Tätigkeiten „provides an understanding of the continuity of accountability from lowest to highest levels of responsibility" [15, S. 9]. Job wird also als allgemeingültiger Begriff für alle Aufgaben und Positionen im Betrieb, von der untersten bis zur höchsten Verantwortungsebene in kontinuierlicher Zuordnung verstanden. In dem zweiten Beispiel [46] wird nicht die allgemeine, funktionale Verwendung des Jobbegriffs, sondern sein Gehalt für die Demokratisierung und Humanisierung der Bedingungen am Arbeitsplatz hervorgehoben. Unter Ablehnung der Auffassung von „dump job" als Ausdruck für niedrigste Arbeiten werden hier Tendenzen in verschiedenen europäischen Ländern (Österreich,

Norwegen, Schweden, BRD) nachgewiesen, Job mit Verantwortung, Teilhabe am Betriebsgeschehen, an der Planung, an der Kontrolle für die Gestaltung der Arbeit gleichzusetzen, um mehr Arbeitszufriedenheit (job satisfaction) zu erreichen. Der Beitrag schließt mit der Feststellung ab, daß diese Forderungen ein kritisches Problem für die Ordnung sozialer und ökonomischer Systeme geworden ist, und deshalb nicht mehr leichtgenommen werden darf. Zur Qualifizierung des Jobverständnisses gehört insbesondere die Ablösung von primitiver und monotoner Arbeit mit ihren Entfremdungswirkungen durch job enlargement und job rotation, also Erweiterung der Arbeitsfunktionen und rotierender Arbeitswechsel und damit einer zunehmenden Professionalisierung. Ohne Bezugnahme auf diese andersartige Auffassung von Job gegenüber dem deutschen Sprachgebrauch ist die hier angedeutete Satisfaktionstheorie in der Arbeits- und Berufswelt auch in der deutschen Sozialforschung aktuell geworden. Wenn wir Job in der angloamerikanischen Auffassung als Faktor des Kontinuums ansehen, so kann nur die universale Bedeutung in Betracht kommen. Angesichts der zunehmenden Arbeits- und Berufsmobilität der Industriegesellschaft in allen Ebenen entspricht eine derartige Verwendung den amalgamierenden Tendenzen der modernen Gesellschaft. Damit soll aber nicht gesagt sein, daß der Begriff Job nur „zur sozialen Instrumentalisierung der Arbeits- und Berufswelt“ [5, S. 115 ff.] dient, also der relativen Gleichgültigkeit der Beziehungen zu diesen Subkulturbereichen der Gesellschaft Ausdruck geben soll. Eine solche Einstellung würde wiederum mehr der deutschen als der amerikanischen Deutung entsprechen und einige Tendenzen nicht deklarierbar werden lassen, die mit einem neuen Verständnis dieses sozialen Phänomens verbunden sind. Vielmehr hat Job eine Reihe von Dimensionen, wie sie in den zitierten amerikanischen Veröffentlichungen angedeutet werden. Sie lassen sich nicht in den Gegensatz von funktionalistischer und daseinserfüllender Auffassung von Arbeit und Beruf, der in der deutschen soziologischen Literatur so oft betont wird, einordnen. So läßt sich die Selbstverwirklichung des Menschen und sein Drang zur möglichst weitgehenden Mitbestimmung bis zur Selbstbestimmung mit der funktionalistischen Denkweise nicht nur vereinbaren, sondern auch begründen. Diese Leitvorstellung, die einen tiefgreifenden sozialen und personalen Wandel andeutet, ist auf das zunehmende Mündigkeitsbewußtsein zurückzuführen. In einem anderen Zusammenhang haben wir vier Arten und Faktoren für das Standortbewußtsein der Arbeitnehmerschaft in der Industriegesellschaft unterschieden: soziale Sicherheit, soziale Mündigkeit, soziale Anerkennung, soziale Teilhabe [51, S. 177]. Mündigkeit bedeutet hier nicht nur Freiheit zur Selbstbestimmung im personalen und zur Mitbestimmung im öffentlichen Bereich, sondern auch Anspruch auf soziale Anerkennung und soziale Teilhabe. Wenn wir in diesem Zusammenhang Selbständigkeitsstreben im Gegensatz zur Abhängigkeit als Faktor des Kontinuums zwischen Arbeit und Beruf nennen, so ist das nicht zu verstehen wie das statistische Kriterium „Selbständige", also im Sinne der freien Berufe, des Handwerks und des Unternehmertums, sondern als Konsequenz einer subsidiären Betriebs- und Lebensgestaltung, etwa die Selbstkontrolle und Selbstregelung von Arbeitsgruppen für Leistung und Verhalten oder die weitgehende Autonomie des Individuums in der Wahl von Arbeit und Beruf, Arbeitsplatz und Professionsgrad [vgl. dazu 63, S. 22].

Eine weitere Fehldeutung des funktionalistischen Arbeits- und Berufsverständnisses im Jobbegriff sehen wir in dem häufig konstatierten Gegensatz von Identifikation und Mobilität. Der Einzelne kann sich in der Arbeits- und Berufswelt mit einer Gruppe im Betrieb oder mit dem Unternehmen identifizieren, etwa, wie in früheren Betriebsuntersuchungen zu lesen war, als „Kruppianer" oder als Angehöriger der „Bosch-Familie", ohne daß damit seine Bereitschaft, in einen anderen Betrieb mit günstigeren Bedingungen zu gehen, ausgeschlossen werden muß. Diese Bereitschaft ist angesichts der technologischen Dynamik heute nicht nur zu erwarten, sondern auch erwünscht.

Eine letzte Frage, die mit der Deutung des Jobbegriffs zusammenhängt, ist die Motivation solcher arbeits- und berufsbezogenen Mobilität. Wenn wir zuvor von günstigeren Bedingungen sprachen, so sind damit nicht nur materielle, sondern auch immaterielle, unter Umständen sogar sozialethische Motive gemeint. Zu den immateriellen gehören z. B. Unterschiede im Betriebsklima, vor allem in der Behandlung durch Führungskräfte, oder ein größerer Rollenspielraum zur besseren Selbstverwirklichung und damit ein Bereich von Mitbestimmung und Beachtung der Mündigkeit. Sozialethische Motive sind zwar im Arbeits- und Berufsleben der modernen Gesellschaft seltener geworden, aber doch nicht vollständig ausgeschlossen, etwa wenn ein Arbeiter oder Angestellter, der einer religiösen Sekte angehört oder andere Weltanschauungen sich zueigen macht, den Wunsch hat, in einen Betrieb umzuwechseln, in dem solche Prinzipien geachtet werden.

Die universale Eigenschaft der Arbeit ist zugleich das wichtigste Element und der bedeutendste Faktor für den Nachweis des Kontinuums und seiner fließenden Übergänge. Die folgenden Themen sollen das noch unterstreichen. Die Praxis der Arbeitsmarktpolitik hat daraus bereits einige Konsequenzen gezogen. Beispiele sind die Erweiterung der Beratungstätigkeit der Arbeitsämter auf alle Lebensalter, die Ausdehnung der Arbeitsförderung auf alle Arbeits- und Berufstätigkeiten, die Öffnung der Umschulungseinrichtungen für alle Ebenen, vom Hilfsarbeiter bis zum Akademiker, und schließlich die Erkenntnis, daß bei dieser universalen Praxis die Förderung des Verfahrenswissens im Arbeitsprozeß wichtiger ist als das produktionsbezogene Wissen (Stingl).

2.2.2 Arbeitsteilung und Kooperation

Arbeitsteilung ist eines der Zentralthemen der Arbeits- und Berufssoziologie, weil sie nicht nur als ökonomisches, sondern auch als soziales Gliederungsprinzip der modernen Gesellschaft funktionale Bedeutung hat. In der vorindustriellen Gesellschaft gab es die sogenannte natürliche Arbeitsteilung, z. B. auf dem Bauernhof oder in der Familie, wie sie heute noch in einigen Entwicklungsländern in der Erzeugung von Nahrungsmitteln und Gebrauchgütern üblich ist. Die industrieorientierte Arbeitsteilung steht unter dem Einfluß der Mechanisierung und kann gegenüber den genannten Primärgruppen als sekundärer sozialer Prozeß charakterisiert werden.

In der ökonomischen Sicht verfolgt Arbeitsteilung das Ziel, die Leistung und damit die Produktivität zu steigern, was sich im Fordismus bis zur Monotonie und zur Beherrschung des Menschen durch die Maschine und das Fließband ausgedehnt hat. Dabei hat die Ökonomie bis in die jüngste Zeit die solidarisierende und sozialisierende Effizienz der Arbeitsteilung [12] im allgemeinen übersehen. Erst die Einbeziehung der Verhaltensforschung über Verbraucherverhalten bis zum Arbeitsverhalten hat diesen Aspekt wieder zum Bewußtsein gebracht, der für die soziologische Deutung der Arbeitsteilung in einem Gesamtrahmen von Problemen steht, die hier angesprochen werden sollen. Für den Soziologen ist die Arbeitsteilung ein universaler Faktor für soziale Differenzierung, für die Bildung von sozialen Gruppen und Schichten, für die Entstehung von Arbeits- und Berufsarten und -positionen und für viele Bereiche des sozialen Wandels. Auch die Professionalisierung (s. 2.3) ist ein arbeitsteiliger Prozeß mit horizontalen und vertikalen Wirkungen. Aus dieser teilenden und differenzierenden Funktion der Arbeitsteilung wird nicht nur in der sozialwissenschaftlichen Literatur oft die Schlußfolgerung gezogen, daß sie nur desintegrierende Wirkungen hat, d. h. sie ist verantwortlich für die Aufspaltung der Ganzheit traditioneller Arbeiten und Berufe, für die Spezialisierung bis zur Eintönigkeit sowie für manche sozialen Konflikte, die in der immer komplizierter werdenden arbeitsteiligen Wirtschaft und Produktion entstehen.

Der bedeutendste Gegenbeweis gegen diese einseitige Analyse der Arbeitsteilung ist die Hawthorne-Studie, die den Unterschied der formalen und informalen sozialen Prozesse aufgezeigt hat. Einen ersten Ansatz dazu finden wir bei Karl Marx mit seiner Unterscheidung von gesellschaftlicher und manufakturmäßiger Arbeitsteilung [43]. Wir werden später darauf zurückkommen (s. 5.2.2). In jener Studie wurde eindeutig nachgewiesen, daß die Arbeitsteilung unterschiedliche Konsequenzen hat, weil aus einer formalen Produktionsstruktur, etwa in der fließenden und Reihenfertigung, Formen des Zusammenwirkens und Zusammenlebens entstehen können, die als soziale Determination der Produktivität sich auswirken. Verschiedene Arten der Kooperation können sich unter dem Einfluß des Aufeinanderangewiesenseins im arbeitsteiligen Prozeß, aber auch unter dem Einfluß von gruppenmäßigen Lohnformen bilden. Im Bergbau gibt es z. B. noch den Begriff des Kameradschaftsgedinges, in dem sowohl formale wie informale Elemente enthalten sind. In anderen Industriezweigen spricht man vom Gruppenakkord. Soziologisch relevant ist bei all diesen Erkenntnissen und Maßnahmen, daß das materielle Ergebnis des einzelnen von der Leistung aller in einer Gruppe abhängig ist, die wiederum ohne informale Komponenten, ohne das Miteinander- und Zueinanderarbeiten nicht ihr Ziel erreichen kann. Diese Verbindung von differenzierenden und kooperativen Wirkungen der Arbeitsteilung führt zu der elementaren und instrumentalen Bedeutung dieses Phänomens für das Kontinuum von Arbeit und Beruf. Wenn in der modernen Gesellschaft unter dem Einfluß technologischer Dynamik, vor allem der Automation, immer neue Funktionsbereiche entstehen, die sich einerseits gegeneinander abgrenzen, etwa Programmierer gegen Tabellierer, andererseits aber wieder auf Kooperation angewiesen sind, so läßt sich ohne Übertreibung sagen, daß die Arbeitsteilung zu den gesamtgesellschaftlichen Leitideen mit integrativen Tendenzen gehört.

2.2.3 Stratifizierung und Spezialisierung als kontinuale Prozesse

Stratifizierung und Spezialisierung sind ebenfalls Erscheinungen der Arbeitsteilung, bei dem zuerst genannten Begriff in der Bildung von sozialen Schichten und Ebenen, für den anderen Vorgang in der Aufteilung und Auffächerung von Arbeits- und Berufstätigkeiten. Hier zeigt sich, daß Arbeit und Beruf in der modernen Gesellschaft selektive Wirkungen haben. Für die Stratifizierung sind solche Wirkungen in der Ausbildung von Stufen, hierarchischen Ordnungen bis zur Bildung von Herrschaftsformen zu erkennen. Sie können auch zur Entstehung neuer Trägergruppen, neuer Eliten und damit von Machtfaktoren werden, die eine Umstrukturierung der gesellschaftlichen Ordnung herbeiführen. Die wichtigste Stratifizierungsphase in der deutschen Sozialgeschichte führte im 19. Jahrhundert zur Entstehung sozialer Schichten, die vordem nicht existierten, z. B. Industriearbeiterschaft, Angestelltenschaft, Akademiker mit unterschiedlichen bildungsmäßigen und fachlichen Voraussetzungen, Parteien, Gewerkschaften und andere Organisationen. Diese Dynamik der horizontalen und vertikalen Mobilität der Industriegesellschaft läßt solche Indikatoren, wie sie für die vorindustrielle Gesellschaft ausschlaggebend waren, also die Zugehörigkeit zu bestimmten Schichten oder die Wahl der Ehefrauen und ihrer Familien nach standesgemäßen Grundsätzen hinter andersartigen Prinzipien der Leistungsgesellschaft zurücktreten. Es erscheint antiquiert, daß der Begriff des „Standesgemäßen" sich bis heute noch in deutschen Gesetzen in der Frage nach dem „standesgemäßen Unterhalt" als Stratifizierungskriterium gehalten hat. Es gibt auch eine ganze Reihe anderer Merkmale, mit denen die Zugehörigkeit zu bestimmten sozialen Gruppen gekennzeichnet wird, etwa zu studentischen Verbindungen, die aber ihre Stratifikationsfunktion weitgehend verloren haben. An ihre Stelle sind andere Indikatoren, z. B. der sichtbare Lebensstandard aus Vermögen und Eigentum, Wohnkultur, Automarke und ähnliches getreten, die traditionelle Sozialformen der Stratifizierung ablösen und damit zu einer Entschichtung der Gesellschaft führen können. Entschichtung bedeutet also Auflösung erstarrter Sozialstrukturen und Durchlässigkeit für sozialen Aufstieg und Abstieg. Im Sinne des Kontinuums sind diese Begriffe allerdings nicht adäquat, weil sie doch aus hierarchischem Ordnungsdenken abgeleitet sind. Statt dessen würde die Bezeichnung funktionale Mobilität der Kontinuumtheorie mehr entsprechen.

Ein gutes Beispiel für diese Mobilität ist die Entwicklung einer der sozialen Großgruppen, die für Stratifizierung typisch ist, nämlich der Angestelltenschaft. Man sollte sie deshalb funktionale Mobilität nennen, um jede Assoziation an ein Schichtenmodell zu vermeiden. Die meisten Untersuchungen über die Entwicklung der Angestelltenschaft gehen deshalb auch von dem Kriterium der Funktion anstelle Position oder Status aus.

Während um die Jahrhundertwende in Deutschland die Angestellten noch eine ziemlich homogene und für die Machtstruktur nicht bedeutende Gruppe bildeten, haben sich in der Klassifizierung von niederen, mittleren und höheren Angestellten wieder schichtenspezifische Distanzierungen ergeben, so daß in der soziologischen Literatur vielfach der Versuch unternommen wurde, an ihrer Stelle zu anderen Unterscheidungsmerkmalen zu gelangen. In einigen Untersuchungen [78; 59] wird unter Ablehnung des Positionsdenkens das Kriterium der Funktion konsequent verwendet. In einem Funktionsgruppenkatalog werden mit den Grundbegriffen fachliche Qualifikation (Berufsvorbildung, Berufserfahrung) und Dispositionsbefugnis zehn Funktionsgruppen unterschieden. In den Gruppen zwischen eins bis fünf besteht eine Parallelität von Angestellten- und Arbeiterfunktionen. Die Gruppen sechs bis zehn betreffen die Funktionen von Abteilungsleitern bis zu Vorstandsmitgliedern und Direktoren. Hier ist das Problem der Abgrenzung der „leitenden Angestellten" entstanden. Diese ständig expandierende Funktionsebene umfaßt nicht nur Angestellte mit Anweisungsbefugnissen und entsprechender Verantwortung, sondern auch fachliche und wissenschaftliche Experten, also Stabsmitglieder in Forschung und Planung und eigener Verantwortung, die wegen ihrer höheren Vor- und Ausbildung oder wegen ihres Sachverstandes aus praktischer Betriebserfahrung einen Sonderstatus haben. Äußerlich wird dieser Status durch die Bezeichnung AT, d. h. außertarifliche Gehälter, gekennzeichnet. Diese Funktionsgruppe ist entscheidend für die Verwissenschaftlichung des modernen Arbeits- und Betriebslebens im technischen, kaufmännischen und personalen Bereich. Wegen der gesellschafts- und betriebsbezogenen Bedeutung ist sie nach den anderen Funktionsgruppen hin (in dem genannten Katalog etwa gegenüber eins bis sechs) abgrenzbar, gegenüber der Managementebene aber noch in einem ungeklärten Distanzverhältnis. Ungeklärt deshalb, weil weder das Selbstbewußtsein dieser leitenden Angestellten noch ihre Fremdeinschätzung so eindeutig fixiert werden konnten, daß sie subjektiv und objektiv in ihrem sozialen Standort bestimmbar sind. Für diese soziologische Aufgabe sind vor allen Dingen der Kompetenz- und Entscheidungsbereich, die Vielseitigkeit oder Einseitigkeit ihrer sozialen Rollen, der Komplex der Verhaltenserwartungen zu analysieren, da die Einkommensebene und der Rechtsstatus für die äußere und innere Kennzeichnung ihres Stratifizierungsgrades nicht ausreichen. Dieses Beispiel gibt zugleich den Hinweis, daß in der Arbeits- und Berufssoziologie die soziale Standortbestimmung von einzelnen oder auch Gruppen in der modernen Gesellschaft nach neuen Prinzipien und Kriterien erfolgen muß. Dafür reichen innerbetriebliche Indikatoren nicht aus und ebensowenig Daten der regionalen und sozialen Herkunft.

Der Begriff funktionale Mobilität ist geeignet, solche Schwierigkeiten der Standortbestimmung zu vermeiden, da er sich ohne weiteres an die Indikatoren, Elemente und Faktoren der Profession und Professionalisierung anpassen läßt (s. 2.3). Funktionale Mobilitätsgrade sind ohne traditionelle Distanzkriterien im Kontinuum zwischen Arbeit und Beruf feststellbar.

Die Spezialisierung als sozialer Prozeß bildet sozusagen die mikrosoziologische Ergänzung zu dem makrosoziologischen Begriff der Stratifizierung. Von Spezialisierung sprach man früher nur im Zusammenhang mit der Arbeitsteilung von Arbeitertätigkeiten, besonders nach Einführung des Fließbandes und der Zerlegung und Vereinseitigung von Arbeitsvollzügen. Durch die technologische Entwicklung, die zu neuen Verbundenheitsformen in der Arbeits- und Berufswelt geführt hat, während in anderen sozialen Gruppen neue Distanzen und Trennwände entstanden, erhält die Spezialisierung eine mehr qualitative Bedeutung. Das gilt vor allem für die Ebene der Experten und Sachverständigen in freien Berufen, aber auch in Büro und Betrieb. Man denke nur daran, wieviele Fächer z. B. die Medizin, die Naturwissenschaften (Chemie und Physik) und die Pädagogik inzwischen herausgebildet haben, und welches Maß an Studium und Erfahrung dazu gehört, um in einem solchen Fach sachverständig zu werden. Derartige Spezialisierungsprozesse gehören zu den Gesetzmäßigkeiten der Industrialisierung und zu den Faktoren einer immer mehr sich differenzierenden Kompliziertheit der modernen Gesellschaft. Ihre kontinuale Bedeutung wird zunehmen, weil ein industrielles Sozialsystem sich nur erhalten kann, wenn es sich in einer permanenten funktionalen Mobilität als Teil des sozialen Wandels fortentwickelt, bis alle Arbeits- und Berufspositionen dem technischen, organisatorischen und sozialen Standard entsprechen und seine tragfähige Basis bilden. Die industrialisierte Gesellschaft ist das komplizierteste funktionale Sozialsystem, das je in der Geschichte der Welt bestanden hat.

Je mehr sich die Arbeitsfunktionen und ihre Verhaltensmuster spezialisieren und je mehr die Auswahl und Besetzung von Arbeitsplätzen rational, also planmäßig erfolgen, desto mehr wird die Arbeit zu einem Objekt wissenschaftlicher Betriebsführung, d. h. rationalisiert. Ursprünglich war Rationalisierung auch ein Aspekt der Arbeitsteilung, schon seit Adam Smith. Durch die technische (Mechanisierung und Maschinisierung) und organisatorische Rationalisierung (Zusammenlegung von Abteilungen und Betrieben) wurde dieser Prozeß immer mehr dem menschlichen Aspekt der Arbeitsteilung, d. h. der Teilung von Arbeit zwischen Arbeitnehmern, entrückt und Sachzwängen der Produktion und Produktivität unterworfen. Mit den damit verbundenen Fragen werden wir uns bei dem Thema Mensch und Technik zu befassen haben. An dieser Stelle sei nur darauf hingewiesen, daß die Arbeits- und Berufssoziologie Rationalisierung als sozialen Prozeß, also auf ihre Wirkungen für die Beziehungen zwischen Mensch und Technik sowie ihre integrativen und desintegrativen Folgen für die Kooperation hin beobachtet. In einer noch weitergehenderen Horizontfrage wird die Rationalisierung als Übergang von wertrationalem zu zweckrationalem Handeln hin untersucht. Dazu gehört unter anderem auch die Ablösung von Bräuchen und ethischen Vorstellungen in der Arbeits- und Berufswelt, wie sie heute noch in einzelnen Handwerken als Nachwirkungen der Zunfttraditionen üblich sind, z. B. beim graphischen Gewerbe. Derartige Sitten und Bräuche sind mit den Gesetzmäßigkeiten der Differenzierung, der Spezialisierung und der Rationalisierung der modernen Gesellschaft nicht mehr in Einklang zu bringen. Die zuvor begründete funktionalisierte Ordnung des Kontinuums hat für solche Reste einer vokativen Arbeits- und Berufsauffassung keinen Platz mehr. Ohne die funktionale Potenz und die ubiquitäre Wirksamkeit dieser sozialen Phänomene hätte eine Industriegesellschaft überhaupt nicht entstehen können.

2.2.4 Kontinuale Tendenzen in der Klassifizierung von Arbeits- und Berufstätigkeiten

Wenn man der soziologischen Kritik an der amtlichen Statistik der Arbeits- und Berufswelt folgen kann, so hat der funktionalistische Ansatz sich bisher als der beste Weg zu einem flexiblen, für Neuerungen offenen Ordnungssystem der Klassifizierung und Kodifizierung von Arbeits- und Berufspositionen erwiesen. Über die Auswahl der Funktionen und ihre Rangordnung besteht allerdings keinerlei Übereinstimmung. Selbst der grundlegende Begriff Funktion ist insofern umstritten, als die einen ihn auf einen Teilprozeß im Rahmen der Zielorientierung eines Sozialsystems beziehen, andere wiederum innerhalb der Funktion einzelne Arbeitsvorgänge und Tätigkeitsmerkmale unterscheiden. Bei dem zuvor dargestellten Funktionsgruppenkatalog für die Angestelltenschaft sind zwei Hauptmerkmale, nämlich fachliche Qualifikation und Dispositionsbefugnis zugrunde gelegt worden. Hansjürgen Daheim schlägt eine dreidimensionale Klassifizierung vor in der Reihenfolge: Wissen, Verantworung und Situs. Mit dem letztgenannnten Begriff sind „Funktionen gemeint, die erfüllt werden müssen, damit die Gesellschaft ihre Ziele erreichen kann“ [6, S. 48]. Jede Position kann durch eine dreistellige Ziffer bezeichnet werden, so daß alle Positionen zugleich eine Rangfolge bilden. Andere Autoren wollen nur zwei Klassifikationskriterien, Situs und Strata, verwenden unter Bezugnahme auf eine entweder nach dem Sozialprestige (vom ungelernten Arbeiter bis zum akademischen Beruf) oder nach Sachgesichtspunkten begrenzte Anzahl von Handlungsfeldern (z. B. Finanzierung und Buchhaltung, Bereitstellung von Rohstoffen). Auch mehr allgemeinverständliche und für eine statistische Erhebung besser verwendbare Determinanten wie Verhaltenskontrolle und Anordnungsbefugnis werden für eine Neugestaltung der Klassifizierung und Kodifizierung von Arbeits- und Berufspositionen vorgeschlagen. Ursache für dieses vielseitige Bemühen ist, wie schon gesagt, die Unzufriedenheit mit der amtlichen Statistik. Wenn man die neuesten Fortschritte der verantwortlichen Dienststellen in dieser Richtung genauer verfolgt, so scheint uns diese Kritik nicht mehr in vollem Umfang berechtigt zu sein. Dazu ist aber ein kurzer Überblick der Entwicklung der amtlichen arbeits- und berufsbezogenen Statistik erforderlich.

Die amtliche Berufs- und Beschäftigungsstatistik beginnt mit dem Jahre 1882, als zum ersten Mal durch das damalige statistische Reichsamt eine deutsche Volks- und Berufszählung durchgeführt wurde. Der eigentliche Anlaß war die Schaffung von statistischen Unterlagen für die sozialpolitischen Maßnahmen, die 1881 in Deutschland eingeleitet wurden und zu der sogenannten Bismarck'schen Sozialversicherungsgesetzgebung führten. Solche Erhebungen wurden von dieser Zeit an in Deutschland in periodischen Abständen wiederholt. Nach dem Ersten Weltkriege fanden Berufszählungen 1925, 1933 und 1939 statt, nach dem Zweiten Weltkriege 1946, dann 1950 im Rahmen einer von den Vereinten Nationen angeregten Weltzählung, schließlich 1961 und 1970, natürlich seit 1945 nur in dem Bereich der Bundesrepublik. Weitere amtliche Statistiken für Arbeit und Beruf findet man in den Veröffentlichungen der ehemaligen Reichsanstalt für Arbeitsvermittlung und Arbeitslosenversicherung und ihrer Nachfolgeorganisation, der Bundesanstalt für Arbeit in Nürnberg. Abgesehen von den Berufs- und Betriebszählungen des Statistischen Bundesamtes ist die Statistik der Arbeits- und Berufswelt dieser Bundesanstalt mit Arbeits- und Landesarbeitsämtern vorbehalten. Darüber hinaus werden Einzelbereiche durch Institutionen und Organisationen aus besonderen Anlässen statistisch erfaßt, etwa durch Industrie- und Handelskammern, Handels- und Landwirtschaftskammern oder auch durch Verbände der Arbeitgeber und Arbeitnehmer. Schließlich können auch die Beschäftigtenstatistiken der Krankenkassen, der Berufsgenossenschaften, der Gewerbeaufsichtsämter und gelegentliche Sondererhebungen, z. B. für land- und forstwirtschaftliche Berufe, öffentliche Verwaltungen, Bildungswesen und Gesundheitsdienst für Spezialfragen herangezogen werden [20]. Die Ergebnisse der einzelnen Quellen sind allerdings nur teilweise vergleichbar, weil die methodischen, begrifflichen und systematischen Grundsätze unterschiedlich sind, das gilt auch für die amtliche Berufsstatistik nach 1925.

In der amtlichen deutschen Statistik wird die auf Erwerb gerichtete Tätigkeit erfaßt, also kein Unterschied zwischen Arbeit und Beruf gemacht. Da die Erwerbstätigkeit in diesem Sinne vornehmlich die wirtschaftliche Lage und die gesellschaftliche Stellung bezeichnet, ist sie ein Teil jener Personalangaben, die dem Alter, Familienstand usw. gleichgeordnet sind, also ein Datum. Trotzdem ist die Statistik bei der Eigenart ihrer Methode teilweise auf personale Angaben und Merkmale angewiesen, die sie zum größten Teil durch Selbstausfüllung von Fragebogen in der Bevölkerung gewinnt. Sie kann nur durch Erläuterungen zu den einzelnen Merkmalen eine annähernd vergleichbare Ausfüllung erreichen. Dafür einige Beispiele: Bei der Zählung 1950 hieß die Frage: „Gegenwärtig ausgeübte Tätigkeit (Beruf)". Dazu gab es folgende Erläuterung: „Einzutragen ist der Beruf, der in der angegebenen Arbeitsstätte tatsächlich ausgeübt wird, auch wenn er nicht der früher erlernte oder früher ausgeübte Beruf ist." Das 1971 veröffentlichte statistische Jahrbuch verwendet den Begriff Beruf nur noch im Zusammenhang mit Berufsgruppen, Stellung im Beruf und Ausbildungsverhältnissen, und spricht von Erwerbspersonen mit folgender Definition: „Alle Personen mit Wohnsitz im Bundesgebiet (Inländerkonzept), die eine unmittelbar oder mittelbar auf Erwerb gerichtete Tätigkeit auszuüben pflegen (Selbständige, mithelfende Familienangehörige, Abhängige), unabhängig von der Bedeutung des Ertrages dieser Tätigkeit für ihren Lebensunterhalt und ohne Rücksicht auf die von ihnen tatsächlich geleistete oder vertragsmäßig zu leistende Arbeitszeit" [79, S. 120]. In der „Klassifizierung der Berufe" [36, S. 3] wird demgegenüber der Begriff „Beruf" auch für jene Tätigkeiten verwendet, die mit der herkömmlichen Vorstellung von Professionalisierung nicht identisch sind.

Kernproblem jeder derartigen Statistik ist die Systematik, in der die Benennungen, also jene mehr als 20 000 Tätigkeiten, in eine sinnvolle, koordinierende Ordnung gebracht werden. Erstmalig 1946 wurde eine solche Ordnung versucht, die sich von der Kategorie der Wirtschaftszweige und Betriebe distanzierte. Sie geht von der charakteristischen Eigenart der Tätigkeiten aus und ordnet sie nach der Ähnlichkeit der in ihnen ausgeübten Verrichtungen und „der Gleichsinnigkeit der ihnen zugrunde liegenden Arbeitsziele". Das Ordnungsmittel ist die Dezimalklassifikation mit vierstelligen Kennziffern; die Berufe (vierstellige Kennziffer) sind zu 160 Berufsordnungen (dreistellig) zusammengefaßt, diese wiederum zu 37 Berufsgruppen (zweistellig) und dann zu 8 Berufsabteilungen als oberste Einheit (einstellig). Diese Richtung einer sozio-ökonomischen Gliederung wird bei der „Stellung im Beruf" in der Unterscheidung von Selbständigen der Landwirtschaft in vier Gruppen, im Gewerbe nach fünf Gruppen, für Beamte nach Dienstbezeichnungen in drei Laufbahngruppen und für Angestellte nach drei Einkommensstufen fortgesetzt. Hierin zeigt sich zum ersten Mal in der deutschen Berufsstatistik ein soziographisches Element, das für soziologische und ökonomische Analysen einen außerordentlichen Fortschritt bedeutet. Es wird nämlich dadurch die Chance geboten, aus dem Zusammenhang von erlernter und ausgeübter Tätigkeit spezifische Beziehungen wahlverwandter Arbeitsfunktionen abzulesen und soziale Typen zu entwickeln. Damit erhält die Statistik gegenüber der früheren, rein quantitativen Auffassung eine qualitative Aussagefähigkeit. Diese soziale Komponente kann im Hinblick auf bestimmte Vorbilder der Arbeits- und Berufswelt anhand der Struktur der Arbeitsvorgänge, des sozialen Abstands von Tätigkeiten und sonstigen sozialen Beziehungen weiter ausgedeutet werden.

Die Veröffentlichungen des Bundesministeriums für Arbeit und Sozialordnung und der Bundesanstalt für Arbeit über Erwerbstätigkeiten in der Bundesrepublik Deutschland [36] gehen noch einen wesentlichen Schritt weiter. Sie beschränken sich nicht auf ein statistisches Gliederungsprinzip, sondern versuchen durch Beschreibung von Gliederungseinheiten der Systematik das soziographische Bild zu erweitern. Der Begriff Soziographie wird hier nicht, wie es in der deutschen soziologischen Literatur manchmal geschieht, mit empirischer Soziologie gleichgesetzt, sondern nach dem Verständnis der niederländischen Soziologen als Beschreibung und Erklärung konkreter Phänomene der sozialen Wirklichkeit, also als deskriptive Wissenschaft wie die Geographie in Gestalt der Soziogeographie verstanden.

In den zwanziger Jahren wurde als Vorläufer ein sogenanntes „Handbuch der Berufe" herausgegeben, das für bestimmte

Sektoren eingehende Berufsbeschreibungen enthielt. In der Klassifizierung von 1966 [36] werden demgegenüber nicht einzelne Tätigkeiten, sondern Zusammenfassungen von Berufen in Gliederungseinheiten nach der Artverwandtschaft der Aufgaben und anderen gemeinsamen Merkmalen behandelt. Man könnte hier auch von Familien, Verwandtschaften und anderen soziographisch und soziologisch deutbaren Gliederungen der Arbeitswelt sprechen. Insgesamt werden in acht Berufsabteilungen 41 Berufsgruppen, 150 Berufsordnungen und 437 Berufsklassen aufgrund berufskundlicher Unterlagen systematisch beschrieben und geordnet, vergleichbar eventuell mit dem Linné-System für die Pflanzenwelt. Die acht Berufsabteilungen sind:

(1) Berufe des Pflanzenbaus und der Tierwirtschaft, in der nicht nur Arbeiter- und Angestelltentätigkeiten, sondern auch solche wissenschaftlich gebildeter Landwirte, Forstwirte, Gartenarchitekten usw. beschrieben werden.

(2/3) Industrielle und handwerkliche Berufe, deren Bereich von der Rohstoffgewinnung über die Be- und Verarbeitung bis hin zu handwerklicher Tätigkeit reicht.

(4) Technische Berufe, das sind Tätigkeiten, die im Zuge der technischen Entwicklung aus ursprünglich ganzheitlichen Arbeitsformen als eigene technische Aufgaben hervorgegangen sind, also Ingenieure und Techniker aller Fachrichtungen bis zu den Chemikern, Mathematikern und Physikern sowie Sonderfachkräfte wie technische Zeichner.

(5) Handels- und Verkehrsberufe mit allen der Waren- und Güterverteilung sowie dem Verkehr dienenden Tätigkeiten einschließlich Nachrichtenvermittlung „im Rahmen sonstiger zwischenmenschlicher Beziehungen“, wie es wörtlich in der Einführung heißt.

(6) Berufe des Gaststättenwesens und der privaten Dienstleistungen „im unmittelbaren Kontakt zu den Mitmenschen“, zur Pflege und Wartung von Häuslichkeit und anderen bedienenden Tätigkeiten.

(7) Berufe der Verwaltung, des Rechtswesens und der Sozialpflege, insbesondere alle leitenden, disponierenden und ordnenden Verwaltungstätigkeiten im öffentlichen und pri-

vaten Bereich sowie Aufsichts- und Sicherungsaufgaben einschließlich des Wehrdienstes.

(8) Berufe des Gesundheitswesens, Geistes- und Kunstlebens, d. h. „Tätigkeiten, die sich aus den Beziehungen von Mensch zu Mensch, auf gesundheitlich sozialem und pädagogischem Gebiet ergeben". Ferner wissenschaftliche Berufe mit Ausnahme der Technologie sowie Pädagogik, Seelsorge und andere Bereiche des Geisteslebens.

Eine neunte Abteilung mit dem Titel „Arbeitskräfte mit unbestimmtem Beruf" umfaßt vornehmlich mithelfende Familienangehörige außerhalb Land- und Forstwirtschaft sowie Praktikanten, Volontäre und Erwerbstätige, deren Aufgaben nicht systematisch eingeordnet werden können [36].

Der Einblick in die Art der Darstellung zeigt die Bedeutung soziographischer Methoden für die Statistik und an manchen Stellen, die wir durch Anführungsstriche herausgehoben haben, den Einfluß kontinualer Denkweise. Solche Fortschritte in der Statistik und Klassifizierung der Arbeits- und Berufspositionen werden für die Arbeits- und Berufssoziologie immer bedeutsamer. Darüber hinaus bestehen bei ihr, wie wir gesehen haben, noch manche Wünsche und Bedenken.

2.3 Professionalisierung als kontinualer Prozeß

Professionalisierung haben wir bereits als einen Prozeß definiert, in dem sowohl Arbeits- wie Berufspositionen sich horizontal und vertikal entwickeln. In dem Begriff Job als universale Bezeichnung für alle derartigen Positionen und Prozesse sind sowohl Ausweitungen von Arbeitstätigkeiten auf gleicher Ebene (job enlargement und job rotation) als auch Aspirationen auf andere Ebenen und Stufen der Arbeits- und Berufswelt enthalten. Gesamtgesellschaftlich läßt sich diese breite Auffassung von Professionalisierung darauf zurückführen, daß vor allem die Industriegesellschaft ein offenes Stratifikationssystem ist, in dem keine Unterschiede zwischen Arbeit und Beruf im Professionalisierungsprozeß gemacht werden können. Es gibt nur ein Kontinuum zwischen ihnen entsprechend dem Grade, in dem Elemente und Faktoren der Professionalisierung in den Arbeits- und Berufstätigkeiten manifest werden [85, Einleitung der Herausgeber]. „In einer Zeit, in der niemand ganz sicher sein kann, daß eine Beschäftigung oder Arbeit ihre gegenwärtige Position für viele Jahre behält und normale Karriere ermöglicht, kann professionalization nicht limitiert werden" [31, S. 62]. In diesem Satz kommen sowohl die kontinuale wie auch die soziale Funktion der Professionalisierung zur Geltung.

2.3.1 Professionalization in der amerikanischen Soziologie

In der amerikanischen Arbeits- und Berufssoziologie wird der Begriff Professionalization auf drei Ebenen verwendet: in bezug auf einen bestimmten Beruf, auf die Differenzierung der Berufsstruktur und als gesamtgesellschaftlicher Vorgang, etwa mit der These: Eine Industriegesellschaft ist eine Professionalizationsgesellschaft. Professionalization ist also ein Teilprozeß der Industrialisierung und ihrer sozialen Wirklichkeit. Diese soziale Wirklichkeit wird von amerikanischen Autoren entweder mikro- oder makrosoziologisch als Bereich der Professionalization behandelt. Wenn das Hineinwachsen des einzelnen in eine Profession darunter verstanden wird, dann ist das in etwa gleichbedeutend mit der Verwendung des Begriffs Sozialisation in der deutschen Soziologie. Damit aber wird das Bezugssystem dieses Begriffs völlig verändert, weil der Vorgang auf das Individuum bezogen wird und nicht auf den Beruf oder die Profession. Daß die Professionalization, die Vermehrung und Verfestigung ihrer Merkmale, in einem Arbeitsbereich oder einem Einzelberuf Sozialisationseffekte für diejenigen, die daraufhin ihr Anspruchsniveau erhöhen, auslösen kann, ist zu erwarten; wir verweisen auf das Beispiel von der Graduierung der Ingenieure (s. 2.3). Diese Wirkungen aber gehören in ein später von uns zu behandelndes Problem, nämlich die Sozialisation als Lernprozeß.

Auch in anderer Beziehung ist die amerikanische Soziologie in der Verwendung des Begriffs Professionalization nicht konsequent. Einige Autoren beschränken sich auf bestimmte Berufsgruppen und Merkmale, die mehr zu einem elitären als egalitären Denken gehören. In einer Tabelle, die Hans

Albrecht Hesse aus amerikanischen Quellen zusammengestellt hat, werden nach sogenannten Berufsfamilien juristische, medizinische, technisch-naturwissenschaftliche, kaufmännische, soziale, beratende und freie Berufe aufgeführt [26, S. 40 ff.], bei denen die niedrigsten Stufen der Masseur und der Leichenbestatter sind. Dazu werden für die Einzelberufe Zugangskriterien und andere Voraussetzungen angegeben, die deutlich zeigen, daß Professionalization für diese Soziologen dort beginnt, wo gehobene Ansprüche an Vorbildung und Praxis gestellt werden. Noch deutlicher wird diese engere Auslegung in einer weiteren tabellarischen Darstellung von Charakteristiken [26, S. 46 f.] für Professions, aus deren Katalog wir nur folgende zitieren:

A Kunstfertigkeit auf langdauernder, theoretisch fundierter Spezialausbildung
B Bindung der Berufsangehörigen an bestimmte ethische Normen
D Dienst an der Allgemeinheit und am öffentlichen Wohl
E altruistisch, nicht egoistisch motiviert
G persönliche und sachliche Entscheidungs- und Gestaltungsfreiheit
I hohes Ansehen und entsprechendes Selbstbewußtsein
N Titel, Orden, Preise und Ehrenämter als Gradmesser für Erfolg und Tüchtigkeit
P öffentliche Registrierung und staatliche Lizenz
R nicht standardisierbare Tätigkeit und generell abstraktes Wissen.

Solche Kriterien werden zwar von den einzelnen Autoren in unterschiedlicher Reihenfolge und Zusammensetzung auf die Graduierung der Professionalization angewandt, bilden aber insgesamt eine so exklusive Deutung, daß 70 bis 80 % aller Arbeits- und Berufstätigkeiten davon ausgeschlossen sind. Was mit dem Begriff identifiziert wird, stammt aus tradierten Wertvorstellungen und ist an einem höheren sozialen Status, an Prestige und Funktionen des öffentlichen Dienstes orientiert. Der Bereich der Industrieberufe wird nur mit seinen höheren technischen und kaufmännischen Positionen einbezogen, da dieser Bereich im allgemeinen als „professionslos" deklariert wird. Selbst der ausgebildete Industriearbeiter findet hier weder soziale Anerkennung noch sozialen Status, höchstens in seiner Rolle als Käufer und Konsument.

Auch die amerikanischen Vertreter der Kontinuumtheorie sind nicht frei von solchen eliminierenden Prinzipien der Professionalization. Ronald M. Pavalko, dessen Buch „Sociology of occupations and professions" wohl den letzten Standard der amerikanischen Arbeits- und Berufssoziologie enthält, behandelt zwar ausführlich das Thema „The occupation profession continuum" als eine fließende Verbindung zwischen occupation bestimmten Niveaus am Anfang und profession von höherer Qualität am Ende, unterbricht aber diese Kontinuität dadurch, daß er Professionalization wiederum mit einer Reihe von Qualitätsmerkmalen verbindet, die von einer bestimmten unteren Grenze an für occupations nicht mehr verwendbar sind. Im Anschluß an Wilensky sieht er als Maßstab für die Graduierung das Ideal des Dienstes an der Gesellschaft und Normen berufsethischen Verhaltens. Die von ihm gewählten Beispiele entstammen zum größten Teil der akademischen Berufswelt oder dem Bereich öffentlicher Dienste einschließlich des Polizeidienstes, weil bei ihm im Gegensatz zu seiner egalitären Grundauffassung (s. 2.3.3.2) die Dienstorientierung und die daraus sich ergebende Verantwortung gegenüber der Allgemeinheit die Einhaltung besonderer ethischer Verhaltensmuster erfordert. Somit unterscheidet er occupations und professions nicht auf einer Linie, sondern vertikal und hierarchisch [63, S. 27 ff.], was mit der Auffassung von Professionalization als einem fundamentalen sozialen Prozeß nicht vereinbar ist.

Die einleitend zitierte These von Everett C. Hughes, daß Professionalization nicht limitiert werden kann, zeigt, daß in der amerikanischen Soziologie auch eine viel weitergehende Auffassung vom kontinualen und sozialen Prozeß vertreten ist. Das geschieht meistens in einer deutlichen Unterscheidung zwischen Professionalization als Prozeß und Professionalismus als Ideologie. Ideologie bedeutet hier soviel wie elitäre Signifikanz von Professions, z. B. systematisches Wissen, ethische Verhaltensmuster, professionelle Kultur und dergleichen. Gegen diese traditionellen Eigenschaften wird von den progressiven amerikanischen Soziologen eingewandt, daß der Unterschied zwischen Arbeits- und Berufspositionen nicht ein qualitativer, sondern ein quantitativer ist. Die angegebenen Attribute sind nicht exklusive Monopole, sondern gelten, wenn auch mit unterschiedlichem Anteil, für alle Positionen. Tätigkeiten, die nach der professionalistischen Ideologie aus dem Kontinuum ausgeschaltet werden, „enthalten oft eine höhere Ordnung von Geschicklichkeiten als solche mit besonderer beruflicher Ausbildung“ [22, S. 10]. Bei elitären Gruppen spielen Vorurteile als Distanzierung von anderen Professions eine Rolle.

2.3.2 Professionalisierung in der deutschen Soziologie

Einer der ersten Soziologen, die den Begriff Professionalisierung für die gesamte Arbeits- und Berufswelt als sozialen Prozeß gedeutet haben, war Leopold von Wiese [88, S. 333 f.]. Er definiert diesen Vorgang als „Entstehung und Festigung von Berufen zum Zweck des Aufbaus eines solideren Gebildezusammenhangs“. Schon hier zeigt sich die Tendenz zur Generalisierung, zur prozessualen Denkweise und zum sozialen Bezug auf gesamtgesellschaftliche Gebilde. Folgende drei Einzelvorgänge werden in diesem Prozeß unterschieden:

1. die Festigung von besonderen Arbeitsverrichtungen zu Berufen,
2. die Entwicklung einer Berufsgesinnung,
3. das Überwiegen des Berufsdenkens über das allgemein Soziale und Menschliche.

Während der erstgenannte Vorgang ohne Begrenzung von Arbeitsverrichtungen jeder Art ausgeht, dabei aber den Beruf nicht als Position, sondern als Ergebnis und Ziel hinstellt, sind die beiden anderen (Berufsgesinnung, allgemein Soziales und Menschliches) nicht frei von tradierten ideologischen Elementen. Gleichwohl bietet die von Leopold von Wiese begründete Beziehungssoziologie mit ihrer prozessualen Denkweise erstmalig in der deutschen Soziologie einen Zugang zu dem Prozeßcharakter der Professionalisierung. Dieser Ansatz ist lange Zeit in Vergessenheit geraten, so daß ähnliche vertikale und hierarchische Gesichtspunkte wie in der amerikanischen, so auch in die deutsche Arbeits- und Berufssoziologie wieder Eingang finden konnten, z. B. Begrenzung auf akademische Berufe oder auf Verwissenschaftlichung und Spezialisierung von Ausbildung, auf Sachkompetenzen, gesellschaftlichen Status und seine Symbole sowie berufsethische Normen. Dadurch werden soziale Anerkennung, Prestige und Lebenswichtigkeit sowie Bedeutung für die Gesellschaft als Rahmen professionalisierter Berufe deklariert.

Andere Autoren sind mehr interessiert an den Zusammenhängen zwischen Professionalisierung und Industriegesellschaft und überschreiten damit die Grenze des traditionellen bürgerlichen Berufsverständnisses. Theodor Scharmann spricht sogar von einem „Zeitalter der industriellen Professionalisierung“ [72, S. 82], und zwar unter dem Einfluß folgender Entwicklungstendenzen:

1. der Entstehung neuer Arbeits- und Berufstätigkeiten neben den traditionellen Berufsleitbildern der Gesellschaft,
2. der Anpassung an wechselnde Arbeits- und Aufstiegschancen in einer arbeitsteiligen Wirtschaft unter Nivellierung des traditionalistisch bürgerlichen Berufsgedankens,
3. der zunehmenden Verbreitung einer Berufsausbildung zwischen Schule und Arbeitswelt, die als wachsende Neigung zur Professionalisierung unter dem beruflichen Nachwuchs verstanden wird.

Damit wird die Grenze der Professionalisierung im Sinne des von Leopold von Wiese formulierten ersten Vorgangs und im Gegensatz zu den meisten anderen Autoren der Berufssoziologie fast an den Anfang des Kontinuums in dem hier gemeinten Umfang verlegt. Dieses „fast“ soll besagen, daß hier Professionalisierung nicht für alle Arbeitsfunktionen, sondern nur für die gesamte Skala der Berufe, also mit der Voraussetzung von Ausbildung und anderen Zugangsforderungen, anwendungsfähig gesehen wird. Professionalisierung ist nach dieser Auffassung jeder Prozeß, der ohne Rücksicht auf eine Berufsgruppe, eine soziale Schicht und berufliche Verwandtschaften von irgendeiner Arbeitsfunktion zur Entstehung eines Berufs führt.

Einen weiteren Versuch zur Begründung von Professionalisierung als Kontinuum hat, soweit wir sehen, in der deutschen Soziologie erst Hansjürgen Daheim gemacht, da er sich von dem überkommenen und immer exklusiv verstandenen Berufsbegriff löste und die Berufsposition als generelles Merkmal gewählt hat [6, S. 24]. Vielleicht wäre seine entschiedene Ablehnung der konservativen Verwendung des Professionalisierungsbegriffs noch deutlicher geworden, wenn er konsequenter, als es geschehen ist, Arbeits- und Berufspositionen gleichrangig verwendet hätte. In einem besonderen Abschnitt behandelt der Verfasser zwar die Professionalisierung von Arbeiterpositionen in Werkstatt und Büro [6, S. 61], schränkt die Anwendungsbreite aber dadurch ein, daß er im Zuge der Automatisierung eine Halbprofessionalisierung solcher Positionen als künftige Entwicklungschance ansieht, z. B. unter dem Begriff des „Kontrolltechnikers". Dabei bezieht er sich auf eine Prognose von Heinrich Ebel [6, S. 62], daß die zunehmenden Anforderungen der Arbeiterpositionen kaum an die funktionalen, wohl aber an die extrafunktionalen Fertigkeiten ihrer Inhaber gestellt werden, d. h. Ausübung von Rollen außerhalb der unmittelbaren Arbeitsfunktion.

Alle vorstehend skizzierten Schritte auf dem Wege zu einer kontinualen und sozialen Deutung der Professionalisierung lassen sich in einem Beitrag von Heinz Hartmann verfolgen [25], der zunächst ein operationables Schema entwickelt. Er geht von den drei Fixpunkten Arbeit, Beruf und Profession aus, die er in zwei Dimensionen: einer funktionalen (Fertigkeiten, Leistungen, Wissensstoff) und einer sozialen (Prestige und Einflußstruktur der Gesellschaft), analysiert. Der einseitig kognitive Ansatz von Daheim wird somit um die Sozialorientierung ergänzt, und zwar für den gesamten Bereich von Arbeit, Beruf und Profession. Dazu werden zwei Kontinuumthesen eingeführt: Systematisierung für die kognitive und Vergesellschaftung für die soziale Dimension. Hier spezialisiert der Verfasser den Begriff Professionalisierung insofern, als er ihn primär auf die soziale Orientierung bezieht, während die Systematisierung zu einer Verberuflichung führt. Die elitäre Richtung in dieser Konzeption wird in der These deutlich, daß

Profession als Endstadium mit einer verstärkten Ausrichtung auf die Gesamtgesellschaft und sozialer Dienstgesinnung ausgezeichnet wird, während nicht professionelle Arbeitsverrichtungen mit einem relativ eingeschränkten Sozialbewußtsein verbunden sind. In einer Gegenrichtung werden dann fließende Grenzen erkannt und beschrieben, die durch „beschleunigten Umbruch unserer Kenntnisse" [25, S. 205] und damit durch eine teilweise Entwertung aktuellen Wissens zu einer Deprofessionalisierung bis zur Auflösung von Berufen führen kann. Das gilt nicht nur für die kognitive, sondern auch für die soziale Dimension. Als Beispiel wird hier der Automechaniker angeführt, der durch permanente Kenntnis von technischen Innovationen mit dem Fortschritt systematischen Wissens gleichen Schritt halten kann. Heinz Hartmann wendet sich damit auch gegen eine arbeits- und berufsbezogene Staffelung der sozialen Orientierung von der Selbstbezogenheit bis zur Dienstgesinnung im Kontinuum von Arbeit, Beruf und Profession, weil diese Denkweise mehr einer ständisch orientierten Gesellschaft entspricht, die durch die moderne Funktionsgesellschaft als tendenziell überholt angesehen werden kann. In der Schlußfolgerung löst sich das gesamte Schema mit den drei Fixpunkten insofern auf, als statt dieser Orientierung unendlich variable Skalenwerte zur Ablösung der traditionellen Schematik zwischen Arbeit und Beruf erkannt werden. Während die kognitive Komponente (systematisches Wissen) bestimmte Aspekte nicht ins Blickfeld kommen läßt, weil sie zu einseitig an Vorbildung, Ausbildung und Statuskriterien gebunden wird, erhält die soziale Orientierung „den Rang einer unabhängigen Dimension" [25, S. 213], d. h. sie wird allen Arbeits- und Berufspositionen potenziell zuerkannt. Es kann sogar eine kontroverse Beziehung zwischen kognitiver Spezialisierung und sozialer Orientierung entstehen, wenn die Entwicklung zur Funktionsgesellschaft gesamtgesellschaftliche Orientierung schwächt oder sogar ausschaltet. Als konkreten Beweis für die Aktualität der gegen die elitäre Auffassung gerichteten Argumentation könnte man auf die Reformvorschläge für den öffentlichen Dienst hinweisen. Einem Pressebericht zufolge [7] soll durch eine Umwandlung des geltenden Laufbahnsystems zu einem Funktionsgruppensystem die Unterscheidung zwischen Beamten, Angestellten und Arbeitern abgelöst werden. Maßstäbe für Differenzierungen werden dann Funktion und Leistung. Man kann sich kaum eine bessere Demonstration von kontinualer und sozialer Professionalisierung vorstellen oder, um mit Heinz Hartmann zu sprechen, eine deutlichere Richtung auf die Funktionsgesellschaft mit einer von der bisherigen Auffassung unabhängigen sozialen Orientierung als diese Reform des öffentlichen Dienstrechts, wie sie von einer Studienkommission der Bundesregierung erarbeitet wurde.

Die von uns vertretene Bandbreite des Kontinuums zwischen Arbeit und Beruf sieht Professionalisierung nicht nur als Qualifizierung durch systematisches Wissen und soziale Orientierung, sondern als einen Prozeß, in dem funktionale und extrafunktionale Fertigkeiten und Einstellungen in Verbindung mit Leistung den Standort der einzelnen Arbeits- und Berufspositionen bestimmen. Ein- oder zweidimensionale Konzeptionen führen in der Regel zu traditionellen Berufsauffassungen zurück, wie die vorstehenden Beispiele der Autoren und das ursprüngliche Schema von Heinz Hartmann mit den drei Fixpunkten Arbeit, Beruf und Profession gezeigt haben.

2.3.3 Profession in verschiedener Perspektive

Die wiederholt verwendeten Begriffe Professionalisierung und Profession in Verbindung mit Unterscheidungen von elitär bis kontinual und sozial bedürfen einer besonderen Erklärung. Professionalisierung leitet sich ab von dem Wort Profession, das drei verschiedene Deutungen erfahren hat: eine elitäre, eine egalitäre und eine prozessuale.

2.3.3.1 Elitäre Auffassung

Diese entspricht in etwa dem traditionellen Denken in der Arbeits- und Berufssoziologie, denn ursprünglich galt als Profession der etymologischen Herkunft entsprechend jeder Beruf, zu dem man sich öffentlich bekennt. Das war nur einem begrenzten Kreis von Amtsträgern und kreativen Persönlichkeiten vorbehalten. Zu ihnen gehörten z. B. Theologen, Advokaten, Schriftsteller, Gelehrte und natürlich der Professor als „öffentlicher Lehrer" [9, S. 531]. Die elitäre Auffassung kann man also damit erklären, daß das Wort Profession denjenigen Berufsständen vorbehalten war, die nach Herkunft, Ausbildung und gesellschaftlicher Funktion einen besonderen Status hatten. Sie wurde schon in der vorindustriellen Gesellschaft durch eine Erweiterung auf die Bereiche Gewerbe und Handwerk mit der Adjektivform professionell = berufsmäßig aufgeschlossen. In den Zünften wurde Profession erstmalig als eine auf Vorbildung, Lehrzeit und beruflicher Lizenz aufgebaute Laufbahn institutionalisiert. Gleichwohl wird die elitäre Auffassung noch in der modernen Berufssoziologie in mehr oder weniger strenger Form vertreten. Beispiele dafür bringt das Buch von Hans Kairat: „Professions" oder „Freie Berufe"? [33], in dem nur systematisches Wissen und große Bedeutsamkeit für zentrale Werte der Gesellschaft als Basisvariablen von Profession anerkannt werden. Für den Verfasser sind Arzt und Rechtsanwalt typisch für professionales Handeln aufgrund eines aufwendigen und kostspieligen Sozialisationsprozesses. „Professionalberufe sind in der Regel Lebensberufe" [33, S. 132]. Nicht professionale Berufstätigkeiten (z. B. Bäcker, Friseur, Straßenkehrer, Politiker) können nach ihm zwar einen ähnlichen wertmäßigen Bezug haben wie professionale, aber es fehlt das systematische Wissen mit einer sozial anerkannten Leistungsfähigkeit. „In Nicht-Leistungsgesellschaften ist Professionalisierung kaum möglich . . ." [33, S. 131]. Die strengste Form ist also die Gleichsetzung von Profession mit akademischen Berufen. Dafür werden dann besondere Merkmale angeführt, z. B. intellektuelle Fähigkeiten und eine entsprechende Ausbildung, spezielle Motivation für den Dienst an Gesellschaft und Staat, dementsprechende Beziehungen zu den zentralen Wertvorstellungen der Gesellschaft und eine Identifizierung mit Verhaltensmustern der Berufung, schließlich eigenständige Berufsethik und Selbstkontrolle. Eine weniger exklusive Bestimmung des Begriffs Profession hält sich an bestimmte Voraussetzungen wie Schulabschluß (mittlere Reife oder Abitur), berufliche Weiterbildung (etwa Ingenieurschule) und eine durch Prüfungen erreichte Berufsbezeichnung. Man kann hier von einer gehobenen mittleren Profession sprechen. Damit werden alle Arbeits- und Berufstätigkeiten der breiten Mittelschicht und der sonstigen arbeitenden Bevölkerung ausgeschlossen. Noch weiter werden die Grenzen gezogen, wenn, wie H. A. Hesse vorschlägt [26, S. 50], nur die Berufe des primären Sektors (Land- und Forstwirtschaft), die kaufmännischen und Handwerksberufe und die Lohnempfänger ausgeschlossen werden. Seine Begründung, daß zu den sogenannten „Professions" drei Voraussetzungen gehören: theoretisch fundierte, möglichst langdauernde Spezialausbildung, Bindung an bestimmte Verhaltensregeln und eigener Berufsverband mit Selbstverwaltung und Disziplinargewalt, erscheint uns jedoch nicht ausreichend. Immerhin kommt diese Auffassung der egalitären Richtung sehr nahe.

2.3.3.2 Egalitäre Richtung

Hier wird Profession ohne Marginalien und ohne eine Unterscheidung etwa von geistigen und körperlichen Arbeiten oder von akademischen und nicht-akademischen Positionen verstanden. Man begründet das damit, daß keine Art von Tätigkeit in der entwickelten Industriegesellschaft völlig ohne geistige Anforderungen ist und daß es keine rein geistige Tätigkeit gibt, die nicht mit Arbeit verbunden ist. Diese Begründung findet man in der amerikanischen Soziologie stärker vertreten, z. B. bei Pavalko [63] und Hughes [31], als in der europäischen, allerdings nicht immer konsequent, wie die Beispiele gezeigt haben (s. 2.3.1). Die zunehmende Verwissenschaftlichung des Lebens, der Technik und der Arbeitsmethoden schließt eine derartige Unterscheidung aus. Es gibt nur noch Unterschiede in der Spezifizierung der einzelnen Arbeits- und Berufspositionen sowie durch den Grad der Professionalisierung. Eine Bezeichnung „Profi", wie sie im Sport und anderen Freizeitbereichen üblich geworden ist, ist aus dem Wortgebilde Profession entstanden und wäre nach der elitären Auffassung nicht für den damit gemeinten Personenkreis zutreffend, weil nicht die immateriellen Normen und Wertmuster, sondern die speziellen Leistungsgrade des Trainings und des Erfolges entscheidend sind. So ist die egalitäre Perspektive des Begriffs Profession immerhin Voraussetzung für die Anerkennung eines Kontinuums zwischen Arbeit und Beruf, das aber erst durch die prozessuale Deutung nachgewiesen wird.

2.3.3.3 Prozessuale Denkweise als Kontinuum

Die prozessuale Perspektive läßt drei professionale Ebenen erkennen: die Entstehung von Einzelberufen, die Entwicklung und Veränderung der Berufsstruktur und den allgemeinen Prozeß der Verberuflichung. Die erstgenannte ist in der soziologischen Literatur am weitesten verbreitet, und zwar in verschiedenen Anwendungsarten, z. B. werden Berufspositionen nach nichtprofessionalisierten, voll- und halbprofessionalisierten Standards unterschieden [6, S. 51 ff.]. Als ein Kriterium für diese Differenzierung sieht Hansjürgen Daheim das Eindringen der Wissenschaft in die Arbeits- und Berufswelt an, die im Zusammenhang mit der technologischen Dynamik den Professionalisierungsprozeß mehr und mehr in Richtung auf Halb- und Vollprofessionalisierung beeinflußt. Das betrifft nicht nur Berufspositionen, sondern auch Arbeitstätigkeiten, die sich nach der bisher üblichen Terminologie vom Standard des Ungelernten zu dem des Angelernten entwickeln und zu neuen Funktionsbezeichnungen führen, etwa des „Kontrolltechnikers" im qualifizierten Installations-, Wartungs- und Reparaturbereich der Automation. In der Übertragung dieser prozessualen Denkweise auf Einzelberufe werden die steigenden Anforderungen an systematisiertes Wissen zu den Initiativfaktoren für eine dynamische Professionalisierung. Dabei lassen sich verschiedene Phasen und Stufen unterscheiden, je nach dem, in welcher Reihenfolge die Grade der Professionalisierung realisiert werden.

Als Beispiele können hier der Volkswirt und der Soziologe als Berufsbezeichnungen angeführt werden. Lange bevor es ein Diplom-Volkswirt-Examen gab (eingeführt im Jahre 1924), war die Volkswirtschaftslehre und Volkswirtschaftspolitik als Wissenschaft, in der älteren Bezeichnung als Staatswissenschaft, zu großer Bedeutung in der Gesellschaft des 19. Jahrhunderts gelangt. Der Bedarf an wirtschaftswissenschaftlichen Erkenntnissen für die komplizierter werdenden Wirtschafts- und Sozialverhältnisse der Industriegesellschaft des 19. Jahrhunderts führte zur Verbreiterung und Vertiefung und zum Teil zur Neugestaltung von Disziplinen. Die geistigen Träger dieser Entwicklung kamen von verschiedenen traditionellen Wissenschaftsbereichen, etwa der Rechtswissenschaft, der Staatswissenschaft, der Sozialpolitik, der Geschichtswissenschaft, in einzelnen Fällen sogar aus dem religionswissenschaftlichen Bereich, und engagierten sich in der Wirtschaftswissenschaft auf einem Nebengebiet, das mehr und mehr ihr ganzes Interesse in Anspruch nahm.

Es fand also schon im 19. Jahrhundert eine Auffächerung der überkommenen Wissenschaftseinteilung statt, ohne daß daraus einzelne Berufe betreffende Konsequenzen gezogen wurden. Wie für manche anderen akademischen Berufe ist hier also die Sequenz von Phasen so zu deuten, daß sich zunächst ein neuer Wissenschaftsbereich aus gesamtgesellschaftlichen Bedürfnissen und aus dem Einzelinteresse von Gelehrten formiert und im Laufe von Jahren und Jahrzehnten sich zur eigenen Fakultät emanzipiert; das sind also zwei Phasen. Die dritte Phase ist die zunehmende Normierung und Institutionalisierung von Professionalisierungsmerkmalen, also Zugangskriterien, Studiengänge, Prüfungsvoraussetzungen und die damit verbundene Verleihung von Titeln. Inwieweit dieser Prozeß sich nun in die Praxis als Entwicklung eines neuen Berufsbereichs fortsetzt, ist eine Frage der Reaktion der Bedarfsträger in Wirtschaft und Gesellschaft. Nach der Einführung des Diplom-Volkswirt-Examens hat es viele Jahre gedauert, bis dieser akademische Grad in der Praxis Anerkennung fand und damit Positionen erreichte, die früher nur für Juristen oder andere Absolventen einer Hochschulausbildung in Frage kamen.

Der Professionalisierungsprozeß für Soziologen läßt sich in ähnlicher Weise wie für Volkswirte darstellen, aber mit dem Unterschied, daß die dritte Phase, die eigentliche Verberuflichung des soziologischen Fachwissens erst begonnen hat.

Ein drittes Beispiel wäre der Ingenieur, für den trotz seiner berufspraktischen Bedeutung für die Entwicklung von Technik und Industrie seit etwa 100 Jahren erst in jüngster Zeit der Ing. grad. und die Fachhochschule geschaffen wurden. Hier ist allerdings der Prozeß in umgekehrter Reihenfolge abgelaufen, weil am Anfang der Bedarf der Praxis an technischen Fachleuten stand, deren stufenweise Einordnung in adäquate Aus- und Fortbildungsmöglichkeiten, berufsbezogene Normen und

Spezialisierung des technischen Wissens bis hin zu der institutionalisierten Graduierung sich im Nachhinein herausbildete. Es gibt also keine allgemeingültigen Regeln für die Abfolge von Professionalisierungsprozessen, wenngleich in der Arbeits- und Berufssoziologie solche „natürlichen" Sequenzen immer wieder angeboten werden. Zum Beispiel hat Wilensky eine chronologische Folge von fünf Stufen für alle Arten der Professionalisierung eruiert [63, S. 29], nämlich

1. Full-time-Tätigkeit einer erheblichen Anzahl von Erwerbstätigen für bestimmte gesellschaftliche Bedürfnisse,
2. Erreichung einer tätigkeitsbezogenen Ausbildung,
3. Bildung eines Berufsverbandes,
4. Agitation des Berufsverbandes für gesetzlichen Schutz,
5. Normierung von berufsethischen Verhaltensmustern.

Diese Reihenfolge läßt sich auf das zuvor skizzierte Beispiel des Ingenieurs in Deutschland gut anwenden, ist aber nicht zutreffend für Volkswirte und Soziologen, bei denen die erste von Wilensky genannte Stufe am Ende des Prozesses steht.

Derselbe Autor hat außerdem aus dem Studium von 18 Tätigkeitsbereichen vier verschiedene Grade der Professionalisierung zu klassifizieren versucht: established professions, professions in process or marginal, new professions und doubtful professions. Zu den erstgenannten rechnet er z. B. Architekten, Juristen, Mediziner, Zivilingenieure, Dentisten, Buchhalter; für prozessuale und marginale Berufspositionen nennt er Buchhändler, Apotheker, Veterinärmediziner, Lehrer, Sozialarbeiter, Schwestern; in die Kategorie neuer Berufe schließt er Stadtplaner, Krankenhausverwalter und ähnliche ein; schließlich werden für die „doubtful professions" etwa Reklamefachleute oder Inhaber von Begräbnisinstituten genannt. Diese Beispiele zeigen deutlich, wie bedenklich es ist, eine solche Klassifikation als Professionalisierungsgrad vorzuschlagen. In welche Kategorie sollte man z. B. den neuen Beruf des Programmierers in der elektronischen Datenverarbeitung einordnen? Oder warum soll zwischen Medizinern und Veterinärärzten ein solcher Unterschied gemacht werden? Schließlich – aus welchem Grund wird die Verwaltung von Hospitälern in die Kategorie neuer Professionen aufgenommen? Solche Ordnungsversuche zeigen auch, wie wenig fundiert noch die Arbeits- und Berufssoziologie ist, selbst wenn man ausländische Literatur, wie in diesem Falle die amerikanische heranzieht.

Wir gingen davon aus, daß die prozessuale Denkweise sich in dreifacher Beziehung manifestiert, und haben in den vorstehenden Darstellungen nicht nur Einzelberufe, sondern auch Berufsstrukturen als Bezugspunkte angesprochen. Für den Ansatz des Kontinuums zwischen Arbeit und Beruf sind diese beiden Professionalisierungsarten punktuell und strukturell von Bedeutung, weil sich nach ihnen auf der Linie des Kontinuums bestimmte Berufe nach ihrem Standort fixieren lassen und aus der Zusammenfassung solcher Fixierungen Strukturen und ihre Veränderungen abgeleitet werden können. Für den Nachweis des Kontinuums aber ist die Professionalisierung als allgemeiner Prozeß maßgebend. Sie liefert für die Lösung der integrativen Probleme zwischen Arbeit und Beruf den wichtigsten Beitrag.

2.3.4 Profession und Professionalisierung als operationable Begriffe

Als operationabel kann man allgemein solche Begriffe bezeichnen und verwenden, die für Analyse und Bestimmung von sozialen Prozessen instrumentale Bedeutung haben. Sowohl in der amerikanischen wie in der deutschen Soziologie werden, wie wir gesehen haben, Profession, Professionalization und Professionalisierung für die Standortbestimmung im Kontinuum zwischen Arbeit und Beruf verwendet, allerdings mit gewissen Unterschieden, die sich aus der Definition und ihrer Begrenzung bzw. ihren Elementen ergeben. Die eine Auffassung begrenzt die Standortbestimmung auf Positionen mit vornehmlich qualitativen Merkmalen, die andere stellt keinerlei Voraussetzungen und Bedingungen und sieht in der Professionalisierung „einen Prozeß, der einerseits nie zu einem endgültigen Abschluß führt, dessen Anfänge andererseits aber möglichst weit hinausgeschoben werden können“ [26, S. 73]. Professionalization of every one ist eine amerikanische Deutung dieser Generalisierung, die wir schon bei der Ausgangsfrage als einzig mögliche instrumentale Verwendbarkeit angesehen haben, d. h. den Professionalisierungsprozeß allgemein und in allen Bereichen als Gegenstand der Kontinuumtheorie zu analysieren.

Eine zweite Frage des operationablen Einsatzes bezieht sich auf die Determinanten der Grade und Skalen auf der Linie zwischen Arbeit und Beruf. Dem einen genügt ein einziger Faktor, um das Kontinuum nach Berufspositionen zu skalieren: spezialisiertes systematisches Wissen. Dieses Wissen soll vornehmlich an dem Ausbildungsgrad gemessen werden, der als Zugang zu den einzelnen Positionen erforderlich ist [6, S. 49]:

- keine Ausbildung erforderlich (0)
- Anlernzeit oder Lehre erforderlich (1)
- höhere Fachschule erforderlich (2)
- Hochschule erforderlich (3)

Über die Unangemessenheit und unzureichende Potenz dieses Kriteriums hat der Autor selbst Überlegungen angestellt mit dem Ergebnis, daß er in einem anderen Zusammenhang für den Grad des systematischen Wissens auch den Maßstab berufliche Erfahrung einsetzen will. Da derartige Erfahrungsstandards nur mit empirisch-soziologischen Methoden zu erfassen sind, vornehmlich durch Befragung der Inhaber von Arbeitspositionen, wird die Operationabilität eines solchen Maßstabes zweifelhaft, auch dann, wenn man Durchschnittswerte ermitteln kann. Andere Autoren haben mehrere Determinanten analysiert, in denen jeweils ein Teil der von uns zuvor angegebenen Kriterien enthalten ist; z. B. schlägt Raimond W. Mack zwei Dimensionen vor: Zugangskriterien und Rollenerwartungen [41]. Die erstgenannte würde zum Teil mit dem Ausbildungskriterium übereinstimmen. Die andere scheint uns insofern unzureichend zu sein, als ja nicht nur die Rollenerwartungen der sozialen Umwelt, sondern auch die Rollenstruktur und die Rollenvielfalt der Arbeits- und Berufstätigkeiten für die Bestimmung des Professionalisierungsgrades einbezogen werden müssen. Im allgemeinen findet man, wie wir gesehen haben, in der anglo-amerikanischen Literatur ein breiteres Spektrum von Professionalisierungselementen, nicht nur Ausbildung und systematisches Wissen, sondern auch Zuständigkeit bzw. Entscheidungsbefugnis, Normen für berufliches Verhalten und den Organisationsgrad der Berufszugehörigen, der als Kollektivitätsorientierung definiert wird.

Sowohl amerikanische wie deutsche Soziologen, die sich mit Fragen der Professionalisierung befaßt haben, neigen dazu, für einzelne Arbeits- und Berufsgruppen besondere Elemente und Faktoren vorzuschlagen, z. B. für akademische Berufspositionen und für Arbeitertätigkeiten oder für Ingenieurberufe, Verwaltungsarbeiten usw. Für den Nachweis eines Kontinuums zwischen Arbeit und Beruf und für operationable Zwecke sind solche Spezialisierungen nicht verwendbar. Natürlich gibt es Unterschiede zwischen den verschiedenen Arbeits- und Berufspositionen, z. B. bei den Zugangskriterien, im Standard der Verwissenschaftlichung, im Rollenspielraum und den Rollenerwartungen, aber diese Unterschiede werden erst sichtbar, wenn man ein einheitliches Raster von Merkmalen auf alle Positionen projiziert. Nur so kann innerhalb des Kontinuums ein skaliertes Gesamtbild entstehen.

Ein derartiges Gesamtbild aber setzt außerdem voraus, daß die einzelnen Elemente und Faktoren in einer solchen Anwendungsbreite definiert werden, daß sie für alle Tätigkeiten der Arbeits- und Berufswelt zutreffen. Denken wir z. B. an die Zugangskriterien, die sich in der Regel auf den Standard der Allgemeinbildung und Berufsbildung beziehen, und ein arbeitsbezogenes Erfahrungskapital, das unabhängig von solchen Bildungsvoraussetzungen erworben wurde, damit ausschließen. Eine genauere Kenntnis der Arbeitertätigkeiten in der Hüttenindustrie zeigt, daß es für wichtige Arbeitsplätze, etwa den des ersten Schmelzers am Hochofen, den Walzmeister, den Steuermann im halbautomatisierten Walzwerk, für Adjustagearbeiter keine Lehr- und Anlernzeiten gibt, sondern nur allgemeine Betriebserfahrung, die zeitlich nicht determiniert zu sein braucht. Ähnliche Beispiele lassen sich für den Bergbau, für die Mineralindustrie, chemische Industrie, sogar für Meisterpositionen anführen. Ein weiterer Meßwert, die Verwissenschaftlichung der Arbeits- und Berufstätigkeiten, betrifft im Zuge der technologischen Dynamik und der Automation auch Arbeitsplätze, die vor der Einführung technischer Neuerungen als

Hilfsarbeiten geführt wurden. Mit derartigen technischen und sozialen Innovationen erweitert sich in der Regel auch der Rollen- und Entscheidungsspielraum solcher Tätigkeiten. Die Schlußfolgerung aus diesen Überlegungen zur Operationabilität von Profession und Professionalisierung kann also nur lauten, daß für den Nachweis eines Kontinuums eine irgendwie geartete Exklusivität dieser Kriterien nach Reichweite, Inhalt und Indikatoren nicht möglich ist. Das gilt nicht nur für diese beiden zentralen Begriffe, sondern auch für die Position als soziale Lokalisierung, für ihre gesamtgesellschaftlichen Bezüge und für die mit den einzelnen Positionen in Zusammenhang stehenden Verhaltensmuster oder Rollen. Die Arbeits- und Berufswelt befindet sich in einem so rasanten Stadium sozialen Wandels, daß jede Art von Ausschluß gewisser Arbeitspositionen in kurzer Zeit überholt sein muß, wie bereits festgestellt wurde.

Für eine Gesamtdarstellung des Kontinuums zwischen Arbeit und Beruf würden operationable Meßwerte der einzelnen Arbeits- und Berufspositionen auf einer Linie markiert werden können, so daß der Professionalisierungsgrad abgelesen werden kann. Um ein solches Modell angesichts der Vielzahl der Positionen übersichtlich zu gestalten, müßte man die Verwandtschaftspositionen zu Berufsgruppen oder Berufsfamilien zusammenfassen. Eine Vorlage dafür bietet die „Klassifizierung der Berufe" [36] an, in der nach berufssystematischen Kennziffern Berufsklassen (mit Kurzdarstellung der Berufsaufgaben und Ausbildungsanforderungen), Berufsgruppen, Berufsabteilungen und Berufsordnungen unterschieden werden. Eine derartige Durcharbeitung des Modells hätte nicht nur theoretischen, sondern auch einen enormen praktischen Wert für den einzelnen Arbeits- und Berufstätigen, für Betriebe und Verwaltung, für Organisationen und Verbände und vor allem für alle diejenigen Dienststellen, Institutionen und Organisationen, deren Verantwortung und Entscheidungsbefugnis im Bezugssystem Arbeit und Beruf liegen.

Die Operationalisierung von Profession und Professionalisierung mit ihren Indikatoren bietet also folgende analytische Möglichkeiten:

- zur Standortbestimmung von Professionen, also Arbeits- und Berufspositionen,
- zur Strukturanalyse von Gruppen der Arbeits- und Berufswelt,
- zur Ermittlung und Beurteilung von Elementen und Faktoren des Kontinuums,
- als Nachweis der fließenden Übergänge.

2.4 Integrierende Strukturmerkmale der Professionalisierung

Die operationable Bedeutung von Profession und Professionalisierung zielt auf den integrativen Zusammenhang zwischen Arbeits- und Berufspositionen in Form eines Ganzen. In der sozialwissenschaftlichen Integrationslehre versteht man darunter einen Komplex von Vorgängen, die nicht von einem theoretischen Ansatz, sondern von der empirischen Beobachtung her aneinandergereiht werden können, was der Denkweise der Arbeits- und Berufssoziologie entspricht. Diese Lehre unterscheidet drei Gruppen: personale Integration (z. B. Herrschaftstypen), funktionale Integration als Bildung kollektiver Lebensformen und sachliche Integration im Sinne von instrumentalem Einsatz [76]. Für die kontinuale Professionalisierung kommen vorwiegend die beiden letztgenannten in Betracht, wenn wir nach integrierenden Strukturmerkmalen fragen. Als solche haben die soziologischen Begriffe von Position, Status, Prestige, Rolle und Funktion instrumentale Bedeutung in einem interdependenten Kontext, wie sich gleich zeigen wird. Auf den ersten Blick scheinen alle bisherigen Definitionen für diese Begriffe weder in integrierender noch in interdependenter Beziehung zu stehen, eher noch als Trennwände, vor allem die Merkmale Position, Status und Prestige.

2.4.1 Position, Status und Prestige

Nach der distanzierenden Auffassung gilt Position als Selbst- und Fremdeinschätzung gegenüber anderen Personen und sozialen Gruppen, aus der sich die gesellschaftliche Prestigeskala in der Sozialstruktur ergibt. Deshalb werden mit diesem Begriff Maßstäbe wie Macht, Verantwortung, Bildung, Einkommen usw. verbunden, die zusammengenommen für die Statusbestimmung von Personen oder Gruppen relevant sind. Typische Gesellschaftsmodelle mit solchen Distanzvorstellungen sind ständische Gesellschaft, Klassengesellschaft, aber auch Arbeiter-und-Bauern-Staat. Mit den wechselnden Strukturen der Industriegesellschaft als einer offenen Gesellschaft werden solche Deutungen von Position, Status und Prestige immer unwirklicher, zumal die Egalisierungstendenzen der modernen Gesellschaft immer geringere Abstände zwischen individuellen und kollektiven Statussituationen bewirken bis zu einem Positionskontinuum, das durch den Wegfall von Titeln und entsprechenden Anreden, von Symbolen und Rangzeichen manifest wird. Repräsentative Beispiele dafür sind etwa der immer mehr sich durchsetzende Wegfall von Titeln als Anrede im Innenverkehr der Verwaltung, vor allem der Ministerien, oder auch die Forderung nach Abschaffung von Rangzeichen in Polizei und Militär. Subjektive Einstellungen und Verhaltensweisen vermögen diesem Trend nicht gleich zu folgen. Welcher höhere Beamte läßt sich schon lieber mit dem Hausnamen oder gar wie in den Vereinigten Staaten mit dem Vornamen anreden, wenn er an den unpersönlichen Titel Ministerialrat oder Regierungsrat gewöhnt ist? Welcher Offizier gibt schon gern sein „Gold und Silber" preis, die eine jahrhundertealte Tradition der Positionsmerkmale fortführen? Hier stößt eine kontinuale Professionalisierung auf Bastionen, die zu beseitigen mehr Zeit erfordert, als manche glauben oder wünschen.

Demgegenüber ist die soziologische Auffassung von Position, Status und Prestige weitgehend progressiv, wie wir gesehen haben.

2.4.2 Soziale Rollen als Elemente der Position

Am häufigsten ist die Gleichsetzung mit Status oder Stellung, vor allem mit beruflichem Status. Die moderne Auffassung sieht in der Position eine Pluralität von Rollen mit einer bestimmten inneren und äußeren Struktur. Bei der inneren Struktur der Rollenpluralität wird ein Positionskern mit mehr oder weniger großen und kleinen Rollensets unterschieden, die auf die äußere Struktur ausgerichtet sind, z. B. ist der Positionskern des Arztberufs das Prinzip „Helfen“, das in allen anderen Rollenbeziehungen richtunggebend ist. Die äußere Positionsstruktur wird dann etwa in der Zugehörigkeit zur Ärztekammer und zu fachlichen oder wissenschaftlichen Verbänden, aber auch in gemeindlicher oder politischer Tätigkeit gesehen. Man könnte diese vergleichen mit einer Wertordnung, in der ein zentraler Wert entsprechend dem Positionskern einer Tätigkeit von Leitwerten und abgeleiteten Werten – als Außenstruktur – unterschieden wird. Gegenüber dieser statischen Vorstellung hat die Position als Rollenset bei anderen Soziologen eine mehr funktionale Bedeutung. Der Begriff wird dann von der „affektiven Bindung des Berufstätigen“ [6, S. 36], d. h. also von ihrer Statusbezogenheit losgelöst und als Indikator der Lokalisierung von Arbeits- und Berufsfunktionen verwendet. Als analytisches Mittel zur Erfassung sozialer Handlungsfelder und Systeme bietet der Rollenbegriff die operationable Verwendbarkeit für die Unterscheidung der Positionen und der ihnen entsprechenden Verhaltensmuster. Im Hintergrund dieses Begriffs stehen die soziale Differenzierung, die für jede Gesellschaftsordnung zu den arbeits- und berufsbezogenen Grundprozessen gehört, und die soziale Normierung, aus der sich die Regelmäßigkeiten des sozialen Handelns [19, S. 21] und damit verbindliche Verhaltensnormen in der Arbeits- und Berufswelt ableiten. Positionen können als Verfestigungen von sozialen Rollen, und diese wiederum als dauerhafte soziale Verhaltensweisen definiert werden. Arbeits- und Berufsbezeichnungen enthalten also bestimmte Bündel von Verhaltenserwartungen, die an soziale Rollen und in ihrer strukturellen Zusammenfassung an Positionen gebunden sind. Die elementare Bedeutung der sozialen Rolle für die Arbeits- und Berufssoziologie läßt sich unter drei Aspekten betrachten [vgl. dazu 39, S. 4 ff.; 65]:

1. die Komplexität der Rolle in ihrer Differenzierung von Rollensektoren und damit in der Kombination von Rollenerwartungen,
2. die Vielseitigkeit der Rollen sowohl qualitativ wie quantitativ,

3. die Determiniertheit der Rollen, d. h. je nach ihrem gebundenen oder offenen Spielraum für Verhaltensweisen und nach dem Ausmaß der sozialen Kontrolle.

Diese drei Kriterien sind für eine bestimmte Reihenfolge oder Rangordnung der Arbeits- und Berufspositionen innerhalb der Sozialordnung maßgebend und zugleich Orientierungen für Entscheidungen des einzelnen Menschen nach individuellen Wertsystemen. Arbeit und Beruf sind also bestimmte Arten sozialer Rollen in sozialen Positionen innerhalb gesellschaftlicher Systeme.

2.4.3 Funktionen als soziale Determinanten von Arbeit und Beruf

Der soziologische Begriff der Funktion läßt zwei Richtungen der Bestimmung zu: einerseits als Beitrag einer Person oder Gruppe zur Erhaltung oder Entwicklung sozialer Systeme, andererseits als Beziehung von Personen oder Tätigkeiten zu sozialen Gebilden. Als integrierendes Strukturmerkmal der Professionalisierung ist die Funktion zunächst in dem zuletzt genannten Sinne von Bedeutung. Wir können an dieser Stelle daran erinnern, daß eines der Hauptargumente der traditionellen Auffassung von Beruf sein Ganzheitsbezug und seine gesellschaftliche Funktion war. Damit sollte die These begründet werden, daß Arbeits- und Arbeiterpositionen nur einen Erwerbscharakter und deshalb keine gesamtgesellschaftliche Beziehung haben. In einem Kontinuum ist eine derartige Begrenzung des Funktionszusammenhangs zwischen dem Arbeits- und Berufstätigen und der Gesamtgesellschaft nicht vertretbar. Wie ernst und zugleich krisenhaft die gesamtgesellschaftliche Beziehung einer Arbeitertätigkeit werden kann, zeigt der aktuelle Bereich des Umweltschutzes und die besondere Wirkung z. B. eines Streiks der Müllkutscher. Deshalb kann Funktion hier nur als universaler sozialer Bezug definiert werden, der die soziale Lokalisierung von Arbeits- und Berufspositionen genau so mitbestimmt wie soziale Verhaltensmuster und Positionsinhaberschaft.

Wie alle zuvor genannten Strukturmerkmale dient auch der

Begriff Funktion zur Kennzeichnung der Stellung von Personen oder Gruppen in einem sozialen System.

3. Arbeit und Beruf im sozialen System

3.1 Gesamtgesellschaftlicher Bezugsrahmen

Als gesamtgesellschaftlicher Bezugsrahmen gilt das soziale System. Die dazu übliche Definition als ein durch Regeln und Normen, Handlungsfelder und Handlungssysteme gefestigtes Gefüge müssen wir zur Einführung in die Standortanalyse von Arbeit und Beruf mit folgenden Thesen erweitern [vgl. dazu 30, S. 1 ff.]:

1. Sozialsystem wird hier nicht, wie die vorstehende Definition „gefestigtes Gefüge" anzudeuten scheint, als ein Gleichgewichts- und damit Stabilitätssystem aufgefaßt, sondern als eine Natur- oder Kunstform von Handlungsfeldern, die sozialen und personalen Wandlungsbedingungen unterworfen sind. Ein soziales Gefüge ohne Elastizität und Anpassungsfähigkeit würde für die Arbeits- und Berufssoziologie nicht vertretbar sein.
2. Soziale Systeme sind Handlungssysteme mit sozialen Rollen als Grundeinheiten. In ihnen wird das Individuum oder ein Subsystem mit der Umwelt konfrontiert, z. B. ein Positionsinhaber in einem Betrieb mit der betrieblichen und außerbetrieblichen sozialen Umwelt.
3. Das aktive Prinzip sozialer Systeme bildet das Bedürfnissystem des Menschen als sozio-kulturelle Person und sozialer Gruppen. Diese Bedürfnisse können nach den Bezugssystemen und ihren Funktionen klassifiziert und durch bestimmte Mittel, z. B. Medien, konkreter gesagt durch Leistungen in Handlungsbereichen von Arbeit und Beruf als Erfüllung von Verhaltenserwartungen befriedigt werden.
4. Das personale System des Menschen ist eine Art Durchlaufinstanz der Anpassung und Übertragung von Wertvorstellungen zwischen sozialen Systemen. In der sozio-kulturellen Person werden die verschiedenen Sozialsysteme als Rollen

reflektiert. Diese These entspricht in etwa der „Schnittpunktexistenz des Menschen“, wie sie Hans Freyer formuliert [17, S. 86].

5. Die Einteilung und Innendifferenzierung sozialer Systeme wird in der Regel auf bestimmte Bereiche wie Familie, Gemeinde und Betrieb bezogen. Dabei bleibt die Zugehörigkeit von Mitteln und Funktionen der Bedürfnisbefriedigung offen, z. B. Erziehung durch die Schule statt durch die Familie.
6. Soziale Systeme wandeln sich durch endogene und exogene Einflüsse und Faktoren, z. B. die Familie durch Eltern und Schule oder die Berufsausbildung durch das duale System. Dabei können soziale Konflikte zwischen verschiedenen Systemen konstruktive Faktoren des sozialen Wandels werden, denn Auseinandersetzungen über Mittel und Funktionen sind ständige Begleiterscheinungen ihrer Entwicklungen.
7. Soziale Systeme sind sowohl Selektionssysteme für die Relevanz von Handlungen und Rollen wie auch Funktionssysteme zur Erstellung und Ausweitung von Leistungen der Bedürfnisbefriedigung.
8. Die selektiven und funktionalen Dimensionen sozialer Systeme werden durch Regeln und Normen, Sanktionen und Kontrollen in Handlungsfeldern und Handlungssystemen determiniert.

Die vorstehenden Thesen bilden den Bezugsrahmen für die Eingliederung von Arbeit und Beruf in zwei übergreifende Systeme: einmal in ein funktionales Wirkungsmodell von Gesellschaft, Wirtschaft, Kultur und Politik, zum anderen in ein System primärer, sekundärer, tertiärer und quartärer Lebensbereiche bzw. in ein Konzept personaler und sozialer Wertmuster.

Arbeit ist vergesellschaftete Leistung, d. h. sie steht in funktionaler Beziehung zur gesamtgesellschaftlichen Ordnung und ihren Teilbereichen. In allen bisher behandelten Beziehungen von Arbeit und Beruf ist diese Verbindung zum gesamtgesellschaftlichen System deutlich geworden. Wenn wir von der Unterscheidung traditioneller, monistischer und synthetischer

Auffassungen zum Gegenstand der Arbeits- und Berufssoziologie ausgegangen sind, so handelt es sich um gesamtgesellschaftliche Differenzierungen, hinter denen soziale Leitvorstellungen stehen. Auch die Beziehungen zwischen Arbeit und Beruf als Kontinuum sind ohne diesen Hintergrund nicht denkbar. Die Systematisierung von Arbeits- und Berufspositionen, die daraus resultierenden Verhaltenserwartungen und die Interdependenz sozialer Funktionen setzen Systeme der sozialen Umwelt in primären bis zu den quartären Lebensbereichen voraus. Professionalisierung ist ein Prozeß zwischen sozialen Gruppen und Gesellschaft bzw. öffentlicher Meinung. Stratifizierung, Spezialisierung, Rationalisierung sind gesellschaftsbildende Prozesse der Arbeits- und Berufswelt.

Arbeit und Beruf als Subsysteme der Gesellschaft stehen in einem wechselseitigen Verhältnis der Beeinflussung zur Gesamtgesellschaft und ihren Teilbereichen. Von den makrosoziologischen Sozialsystemen können Aussagen über Arbeit und Beruf abgeleitet werden und von der Arbeits- und Berufswelt Aussagen über die Gesellschaft und ihre Sozialformen, z. B. über die Durchlässigkeit ihrer Verfassung, über ihre Herrschaftsstruktur, über Schichten, Klassen und über fundamentale Prinzipien der Wertordnung. Aus diesen gesamtgesellschaftlichen funktionalen Beziehungen von Arbeit und Beruf läßt sich das folgende Modell erstellen und begründen:

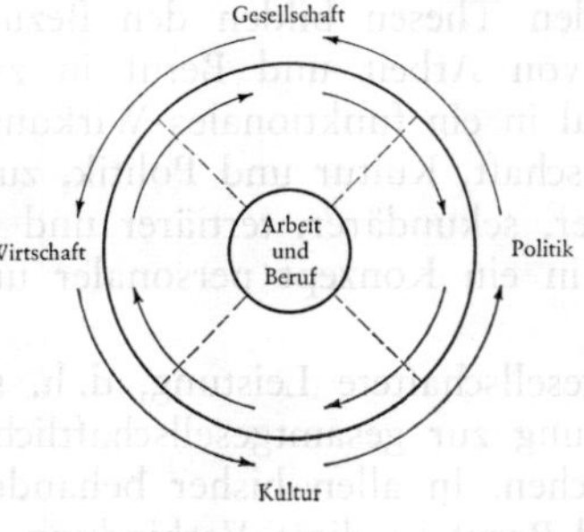

„Die moderne Sozialwissenschaft hat also erkannt, daß die zentrale Kategorie ihres Denkens immer die der ‚Wechselwirkung' aller Faktoren ist und daß daher ihre Analysen immer gegenläufig, als umkehrbare Kreisprozesse, durchzuführen sind" [73, S. 164]. Dieser Feststellung von Helmut Schelsky entspricht das vorstehende gegenläufige Zirkulationsmodell, in dessen Mittelpunkt Arbeit und Beruf als zentraler Bereich des gesamtgesellschaftlichen und individuellen Lebens stehen. Die Gegenläufigkeit zwischen den vier sozialen Systemen unter dem Primat der Gesamtgesellschaft läßt sich in folgender Weise begründen, wobei wir einen äußeren und inneren Kreislauf unterscheiden.

Im äußeren Kreislauf ist die Gesellschaft mit ihrer äußeren und inneren Verfassung für das Wirtschaftssystem entscheidend, d. h. die Sozialstruktur der Gesellschaft mit ihren Bereichen wie Herrschaft, Bildung, Religion, Kultur, ist die Basis für ökonomisches Denken und Handeln. Der Vergleich von Industriegesellschaft und Agrargesellschaft, etwa zwischen der Bundesrepublik Deutschland und der Türkei, macht das deutlich. Das Wirtschaftssystem als Grundlage des Sozialprodukts setzt diesen Zirkulationseffekt fort in Richtung Kultur, vor allem in der Quantität und Qualität des Bildungswesens. Ein Land wie die Türkei mit einer Sozialstruktur von fast 90 % nichtindustrieller Erwerbstätigkeiten, überwiegend in der Form der Selbständigkeit, und einer Bevölkerungsstruktur, in der fast die Hälfte im Alter unter 15 Jahren ist, hat in der Realisierung von Bildungschancen und kultureller Entwicklung weniger Spielraum als ein entwickeltes Industriesystem. Unterentwickeltes Bildungswesen als Bereich der Kultur ist mitbestimmend für die Herrschaftsstruktur eines Landes und damit für seine politische Ordnung. Je niedriger der Bildungsstand der Bevölkerung, desto geringer ist die Chance der Demokratisierung, desto mehr tendiert die politische Ordnung zum autoritären System. Entwicklungsländer wie Äthiopien bieten dafür vielseitige Beweise. Der äußere Kreislauf schließt sich nun mit dem Einfluß des politischen Systems auf die Ordnung der Gesamtgesellschaft. Ob ein Staat absolute Monarchie, Militärdiktatur, Republik, Demokratie oder sozialistisch genannt werden kann, wird langfristig gesehen durch dieses Bezugssystem zwischen Gesellschaft, Wirtschaft, Kultur und Politik entschieden. Je nach dieser Entscheidungssituation und der in ihr ablaufenden Prozesse unterliegt das Leben des Individuums und seiner unmittelbaren Umwelt einem Determinationssystem, das für seine Funktionen und Chancen in der Arbeits- und Berufswelt bestimmend ist. Eine Agrargesellschaft wie die Türkei kann nicht einmal für die erwerbsfähige Bevölkerung (zwischen 15 und 65 Jahren) ausreichenden Spielraum von existenztragenden Arbeitsplätzen bieten, noch weniger für den arbeit- und berufsuchenden Nachwuchs. In einer ausgereiften Industriegesellschaft wie der Bundesrepublik Deutschland bleibt schon seit vielen Jahren die Zahl der Schulentlassenen hinter dem Nachwuchsbedarf von Wirtschaft, Kultur und Gesellschaft zurück: ein Dilemma zwischen Reichtum und Armut, bei dem auf der einen Seite ein Überfluß an Arbeits- und Berufspositionen, auf der anderen Seite ein Überhang an Arbeitskraft und Nachwuchs steht.

In der gegenläufigen Richtung, dem inneren Kreislauf, hat der Ordnungsbereich Wirtschaft im allgemeinen ein größeres Gewicht und eine gewisse Priorität. Der Vergleich von Agrargesellschaft und Industriegesellschaft zeigt die Abhängigkeit der gesamtgesellschaftlichen Ordnung, des politischen Systems, des Bildungswesens und der kulturellen Aktivität vom ökonomischen Entwicklungsstand des Landes. Der Hinweis auf die Kulturgeschichte vergangener Jahrhunderte, in der eine Eliteschicht für das kulturelle Image eines Landes maßgebend war und es heute noch in manchen Entwicklungsländern ist, kann nicht als Gegenargument gelten, solange der Lebensstandard der breiten Bevölkerung sich auf tiefstem Niveau befindet. Für die Rangordnung von gesamtgesellschaftlichen Sozialsystemen ist der Maßstab entscheidend, mit dem das 20. Jahrhundert durch eine tiefgreifende Umstrukturierung (Demokratisierung und Sozialisierung) von Gesellschaftsordnungen sich vom Elitemodell immer weiter distanziert hat. Ohne diesen Maßstab wären Individuum und Umwelt und damit Arbeit und Beruf nie in das Zentrum des Bezugssystems getreten. Dieser Übergang zu industriellen Daseinsformen hat erst dazu beigetragen, daß Arbeit und Beruf in das Bewußtsein der Gesamtgesellschaft und ihrer öffentlichen Kritik gelangt sind.

Arbeit und Beruf sind fundamentale Bindeglieder zwischen Individuum und Gesamtgesellschaft und ihren Teilsystemen Wirtschaft, Kultur und Politik. Sie sind vergesellschaftete Leistungen im Dienste der Sozialordnung, der Wirtschaftsordnung, in wechselseitiger Beziehung zum kulturellen Stand und im unmittelbaren Einflußbereich der Politik. Die Folgerungen dieses Bezugssystems für den Menschen als sozio-kulturelle Person sollen an einem anderen Modell, dem System der Lebensbereiche, deutlich werden.

3.2 Gesamtgesellschaftliche Vorstellungen von Arbeit und Beruf

Die Gesellschaftsbezogenheit von Arbeit und Beruf ist also von zeit- und systembedingten Vorstellungen und Fakten abhängig. Die Entwicklung solcher Vorstellungen, die wir im folgenden skizzieren wollen, zeigt eine konvergente Tendenz als Vorstufe eines Kontinuums. Das gilt auch für die soziale Deutung und den Stellenwert von Arbeit und Beruf in der Geschichte und in unterschiedlichen Sozialordnungen.

3.2.1 Vom „Fluch der Arbeit“ über die Arbeitspflicht zum Recht auf Arbeit

Die Geschichte beginnt für den Begriff Arbeit mit der Bibel: „Im Schweiße deines Angesichts sollst du dein Brot essen.“ Das heißt, Arbeit wurde mit dem Fluch der Vertreibung aus dem Paradies belastet und damit Mühsal und Plage gleichgesetzt. Dieser Ursprung zeigt sich heute noch in der Sprache verschiedener Zeiten und Völker, in dem griechischen Wort „ponos“, im lateinischen „labor“, das noch im englischen „labour“, allerdings in einer anderen Bedeutung erhalten ist. In slawischen Sprachen bedeutet „robota“ Arbeit und Last, auch Frondienst. In unserer modernen Umgangssprache kehrt diese Vorstellung als „Roboter“ wieder: einmal im Sinne von Schwerarbeit Arbeitstier oder Knecht wie im Slawischen, zum anderen als Begriff für Maschinen, die dem Menschen die Mühsal abnehmen. Heute wird das Wort „roboter“ vornehmlich für elektronisch gesteuerte Arbeitsweisen gebraucht. Dieser Ursprung ist also gleichbedeutend mit schwerer körperlicher Anstrengung als Aufgabe der niederen Klassen, des „gemeinen Volkes". Im Altertum war körperliche Arbeit Aufgabe von Sklaven, im deutschen Mittelalter der Bauern in Verbindung mit Leibeigenschaft. Diese degradierende Auffassung von körperlicher Arbeit hat sich vor allem in den Entwicklungsländern weitgehend erhalten; in den ehemaligen Kolonialgebieten suchen die freigewordenen Afrikaner, Asiaten und andere, sich auf jede nur mögliche Weise von der Handarbeit zu befreien, weil sie von den ehemaligen Kolonialherren die Verachtung dieser Arbeit erfahren und übernommen haben. Dadurch entsteht in Ländern, die auf die manuelle Produktivität der Kräfte besonders angewiesen sind, ein Drang zu Angestelltentätigkeiten, der zu dysfunktionalen Sozial- und Berufsstrukturen führt. Schließlich und endlich können wir auch in den entwickelten Industrieländern beobachten, daß schwere körperliche Arbeit eine mindere Achtung erfährt und möglichst ausländischen Arbeitnehmern zugedacht wird.

Auch der Arbeitspflichtgedanke, der die „Arbeit als Fluch" ablöste, läßt sich auf die Bibel zurückführen: „Sechs Tage sollst du arbeiten, am siebten Tage aber sollst du ruhen!" Allerdings hat es viele Jahrhunderte gedauert, bis dieses Gebot der Bibel ernst genommen wurde. Wie Max Weber überzeugend nachgewiesen hat, ist erst unter dem Einfluß des Calvinismus und durch die Lehre Luthers vom sittlichen Wert der Arbeit als „Berufung des Menschen" das Wort Arbeit seines herabsetzenden Sinnes „unwürdige, mühselige Tätigkeit" entkleidet worden [86, S. 17 ff.]. Es erhielt eine zweifache Bedeutung: als zweckgerichtete Tätigkeit im Dienste der Gemeinschaft und für andere sowie als diesseitige Erfüllung einer Pflicht mit der Erwartung einer Belohnung im Jenseits. Beide Auffassungen stellten einen strukturellen Umbruch in der Rangordnung der Arbeit als sozialer Wert dar, insbesondere im Hinblick auf die transzendentale Wirkung ihres Erfolges in dieser Welt.

Eine dritte Phase der Deutungsgeschichte des Wortes Arbeit wurde eingeleitet mit einem Prozeß der Versachlichung. Mit ihm beginnen zwei Entwicklungstendenzen sich anzubahnen, die für die Entstehung der industriegesellschaftlichen Arbeitsauffassung von grundlegender Bedeutung sind. Wir nennen sie die Rationalität oder das Zweckbewußtsein des Arbeitsgeschehens und die Sozialität, d.h. die Gesellschaftsbezogenheit mit einem allgemeinverbindlichen Charakter der Verantwortung. Beide Tendenzen haben den Weg zur Leistungsgesellschaft im Prozeß der Industrialisierung geöffnet und werden an geeigneten Stellen des Buches behandelt. Trotzdem ist auch in der Industriegesellschaft die Begrenzung des Begriffs Arbeit auf körperliche und mühselige Tätigkeit lange Zeit vorherrschend geblieben. Die Koordinierung Arbeit und „Arbeiter" gleich Lohnarbeiter mit unselbständiger körperlicher Tätigkeit hat nicht wenig dazu beigetragen. Die Begrenzung versucht man heute durch eine Sammelbezeichnung aller unselbständig Tätigen als „Arbeitnehmer" (Arbeiter, Angestellte und Beamte) weitgehend aufzuheben, ein Versuch, der noch keineswegs als abgeschlossen angesehen werden kann. Vor allem ist auch das Selbstbewußtsein der Angestelltenschaft und der Beamtenschaft, für die der Begriff „Dienst in der Dienststelle" gilt, eine Ursache dafür, daß Arbeit und Arbeiter als schichtenspezifische Bezeichnungen noch lange nicht überwunden sind. Dafür gibt es andere Faktoren, die den Begriff Arbeit aus dieser Schichtenbezogenheit herausheben. Wir denken daran, daß die Unterscheidung von manueller und nicht manueller oder körperlicher und geistiger Arbeit durch die technologischen Fortschritte und Auswirkungen allmählich ihren Sinn verliert. Wir müssen weiterhin uns vergegenwärtigen, daß heute jede gesellschaftliche Gruppe, ja jeder Erwerbstätige und jeder im öffentlichen Dienst stehende Beamte Wert darauf legen, ihren Dienst als Arbeit im Interesse der Gesamtgesellschaft anerkannt zu wissen. Man spricht nicht von Dienstüberlastung, sondern von Arbeitsüberlastung. Man erdient heute nicht mehr seine Aufstiegschancen, sondern erarbeitet sie. Das geht so weit, daß selbst in den höchsten Ebenen von Gesellschaft und Politik das „Arbeitsessen" zu einem wichtigen Kommunikationspunkt geworden ist. Damit wird eine Rangerhöhung der Wortbedeutung Arbeit erreicht, die für frühere Jahrhunderte unvorstellbar gewesen wäre.

Dieser Prozeß des upgrading zeigt sich noch in einer anderen

Richtung, nämlich in der Aufnahme des Begriffs in die Staatsverfassungen: auf der einen Seite als Recht auf Arbeit, wie es im bundesdeutschen Grundgesetz [23], aber auch in den meisten Verfassungen der westlichen Welt verankert ist, auf der anderen Seite als Pflicht zur Arbeit, etwa in der Verfassung der UdSSR, in der es heißt (getreu dem Wortlaut der Bibel): „Wer nicht arbeitet, soll auch nicht essen.“ Eine weitere Stufe erreichte die Deutungsgeschichte durch die Differenzierung und Definition der Arbeit in den verschiedenen wissenschaftlichen Disziplinen. Wenn heute in der Technologie, der Physiologie, Psychologie, Ökonomie und Soziologie von Arbeit gesprochen wird, so wird darunter zwar jeweils etwas Unterschiedliches verstanden, nämlich immer eine bestimmte Seite des komplexen sozialen Phänomens Arbeit, aber keineswegs mehr jene degradierende, auf körperliche Tätigkeit beschränkte Mühseligkeit und Unwürdigkeit, von der die Geschichte des Arbeitsbegriffs ausging. Manche Autoren dieser Disziplinen gehen in ihren Veröffentlichungen so weit, von einer „Vergötzung der Arbeit“ zu sprechen, die also Arbeit als einzigen Lebensinhalt auffaßt. Vielleicht ist die Reaktion der heutigen Jugend in der Suche nach einem neuen Lebensinhalt ohne Arbeit, ohne Pflichten und Verantwortung, aus dieser Übertreibung des Arbeitswertes zu verstehen. Jedenfalls hat die Deutungsgeschichte dieses Begriffs gezeigt, daß vom Fluch über Pflicht bis zum Recht und zur Vergötzung eine aufsteigende Linie zu beobachten ist, von der wir allerdings nicht sagen können, wie sie in der nachindustriellen Gesellschaft weiter verläuft.

3.2.2 Von der „Berufung“ über Berufsarbeit zum Arbeitsberuf

Wie der Begriff Arbeit, so sind auch Bedeutung und Inhalt des Berufs einem sozialen Wandel unterworfen, nur in umgekehrter Richtung. Am Anfang der Definitionsgeschichte steht wiederum die Bibel, in der Übersetzung von Martin Luther (1. Corinther 7, Vers 17 ff.): „Ein jeder bleibe in dem Berufe, dazu er berufen ist. Bist du als Knecht berufen, sorge dich nicht. Doch kannst du frei werden, so brauche es viel lieber.“ Zu der Berufsauffassung von Luther gehört also der Berufsstand, in den der einzelne Mensch hineingeboren wird; andererseits ist die Eigenart der persönlichen Tätigkeit nach Luther bestimmend für den Standort in der Gesellschaft. Damit kann man den Beruf in zwei Aspekten definieren: einmal als Individualbegriff, d. h. als ein von Gott angeordnetes weltliches Tun, wie Luther es formulierte; zum anderen als Sozialbegriff: als gesellschaftliches Lebens- und Handlungsfeld, als Beziehung zu anderen, Leistung mit anderen, unter anderen und gegenüber anderen. Vor der lutherischen Auffassung folgt die Deutungsgeschichte des Begriffs Beruf in etwa der Linie, die wir für das Wort Profession schon in einem früheren Zusammenhang angegeben haben, d. h. einer Tätigkeit, zu der man sich öffentlich bekennt, z. B. als Theologe, Schriftsteller, Gelehrter und „öffentlicher Lehrer" (Professor). Beruf erhielt damit eine für Herkunft, Ausbildung und gesellschaftliche Stellung statusbildende Funktion, zugleich aber auch eine religiöse Bedeutung. In dieser Richtung wurde Beruf verstanden als gottgewollte, innerweltliche Pflichterfüllung und als Konsequenz religiöser Motive[2]. Diese vokative Deutung hat sich, wie wir wissen, in der Berufssoziologie lange Zeit erhalten. Aus ihr sind jene Kriterien des Berufsverständnisses abgeleitet worden, die sich auf Berufsethik, Beruf als Werterlebnis und auf den Gegensatz zum Arbeitsbegriff beziehen. Eignung, Neigung und Wunschvorstellungen treffen nach dieser Auffassung nur für die Berufswahl zu, nicht aber für ungelernte Arbeit. Zum Beispiel sprechen wir nicht nur von der individuellen Eignung, die durch psychologische Tests festgestellt werden kann, sondern auch von der beruflichen Neigung, die aus bestimmten Interessen, schulischen Leistungen und Zielvorstellungen für das Leben abgeleitet werden kann.

[2] [86, S. 17 ff.] In dieser Arbeit hat Max Weber in einer über sieben Seiten sich erstreckenden Fußnote zum Wortbegriff Beruf an einer Stelle darauf hingewiesen, daß Luther zwei ganz verschiedene Begriffe mit Beruf übersetzt hat, einmal das griechische Wort „klēsis" im Sinne von Berufung und zum anderen die Worte „ergon" und „ponos" als Beruf. Im letzteren Falle hätte es nach Max Webers Auffassung heißen müssen: „Bleibe bei deiner Arbeit", wie es in anderen Bibelübersetzungen der Zeit Luthers geschehen ist. Gleichwohl stellt auch Max Weber fest, daß das Wort Beruf im säkularistierten Sinn „weltlicher Arbeit" in der deutschen Sprache vor Luther nicht existierte.

Angesichts dieser allgemeinen Tendenzen können wir für Bedeutung und Inhalt des Berufsbegriffs eine absteigende Linie von der ethisch-vokativen Exklusivität der Theologen und Gelehrten über die für Handwerk und Gewerbe zeitweise verwendete Bezeichnung Profession bis hin zum rationalen und sozialen Berufsverständnis der Gegenwart verfolgen. Während die Vorstellung von Beruf als Berufung nur noch in wenigen marginalen Bereichen und Funktionen weiterlebt und aus der Umgangssprache sowie aus den Verfahrensregeln allmählich verschwindet, wird Arbeit als universale Leistung nun auch die verbale Hauptkomponente des Berufsbegriffs, zum Teil als Berufsarbeit, aber in progressiver Weise schon als Arbeitsberuf, d. h. mit umgekehrter Priorität.

3.2.3 Säkularisierung des Berufs und Humanisierung der Arbeit als Kriterien einer berufsständischen Ordnung

„Wie viele Worte wurden im Laufe geschichtlicher Entwicklungen ihres ursprünglichen Inhalts entkleidet und dienen heute als Bezeichnung veränderter Sachverhalte!" [71, S. 50]. Diese, unter anderem auch auf Arbeit und Beruf bezogene Feststellung von Theodor Scharmann läßt sich an dem Bedeutungswandel der beiden Begriffe über mehrere Stufen und Phasen nachweisen. Die Frage nach den Ursachen für die inhaltliche und funktionale Veränderung solcher Begriffe können wir nach zwei Richtungen hin beantworten. Einerseits ist der in dem Wirkungsmodell zwischen Gesellschaft, Wirtschaft, Kultur und Politik dargestellte Zusammenhang dafür verantwortlich, denn mit dem sozialen Wandel von Sozial- und Wirtschaftsstruktur verändern sich nicht nur kulturelle und politische Ordnungsvorstellungen, sondern auch die Ausdrucksformen und sozialen Funktionen von Arbeit und Beruf. Die äußeren und inneren Kreislaufimpulse in diesem Modell stehen in einer interdependenten Verbindung mit der Arbeits- und Berufswelt der verschiedenen Entwicklungsphasen und ihrer sich ändernden Sachverhalte.

Andererseits ist die aus dem zuvor entwickelten Bedeutungswandel von Arbeit und Beruf sich ergebende konvergierende

Tendenz als Ursache eines neuen Verständnisses beider Begriffe anzusehen. Aus den Beziehungen zu den Veränderungen der sozialen Systeme, z. B. durch den Übergang vom Ständestaat zur Leistungsgesellschaft oder von der Sklavenarbeit über Leibeigenschaft zur freien Arbeits- und Berufswahl, ist sowohl die Säkularisierung des Berufsbegriffs wie auch die Humanisierung von Bedingungen und Umwelt der Arbeit als generalisierender Prozeß zu verstehen. Dieser sozialgeschichtliche Prozeß läßt sich mit folgender Linienführung veranschaulichen:

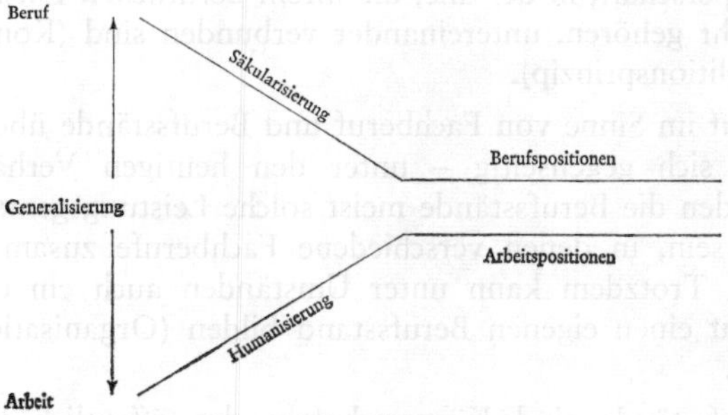

Wie weitgehend diese Veränderung der Auffassungen von Arbeit und Beruf und damit die kontinuale Denkweise auch in traditionelle Lehrgebäude Eingang gefunden haben, zeigt das funktionale Wirkungsmodell „berufsständische Ordnung", das Oswald von Nell-Breuning [48] in seiner Arbeit „Beruf und Gesellschaft" [48, S. 219 ff.] entwickelt hat, aus der wir folgende Thesen und Ordnungsprinzipien herausformulieren:

1. Die berufsständische Ordnung ist von Natur aus eine zweifache Gliederung der menschlichen Gesellschaft: räumlich und beruflich. Die Menschen, die durch ihre Leistung in ihrem Berufsleben miteinander verbunden sind, sollen entsprechende Berufsstände oder Leistungsgemeinschaften bilden (raum- und leistungsorientiertes Gliederungsprinzip).
2. Jede dieser Gemeinschaften verwaltet ihre eigenen Angelegenheiten in ähnlicher Weise selbst wie die Gemeinden aus eigenem Recht und in eigener Verantwortung (Subsidiaritätsprinzip).

3. In der Ausübung seines Berufes wirkt der Mensch mit an der Erfüllung einer Aufgabe im Dienste des Volksganzen, die er allein nicht zu leisten vermag – und die ihm darum mit diesen anderen gemeinsam ist (Kooperationsprinzip).
4. Die Bezeichnung Berufsstand soll gleichbedeutend sein mit Leistungsgemeinschaft, in der jeder einzelne seinen Beitrag in der Ausübung seines Berufes leistet. *Dabei bedeutet Beruf nicht so sehr den Fachberuf, sondern den Platz, wo er mit seiner Tätigkeit eingesetzt ist.* Stand bedeutet die festgefügte Körperschaft, in der alle, die ihrem beruflichen Einsatz nach zu ihr gehören, untereinander verbunden sind (Kontinuales Koalitionsprinzip).
5. Beruf im Sinne von Fachberuf und Berufsstände überschneiden sich gegenseitig – unter den heutigen Verhältnissen werden die Berufsstände meist solche Leistungsgemeinschaften sein, in denen verschiedene Fachberufe zusammenwirken. Trotzdem kann unter Umständen auch ein einzelner Beruf einen eigenen Berufsstand bilden (Organisationsprinzip).
6. Berufsstände sind Körperschaften des öffentlichen Rechts und sind als solche Gliederungen des staatlich geeinten Volkes. Jeder Berufsstand hat seine Aufgabe im Dienste des Volksganzen so zu lösen, daß er den schuldigen Beitrag zum Gemeinwohl leistet (Organismusprinzip).
7. In der berufsständischen Ordnung gibt es wirtschaftliche und außerwirtschaftliche, sogenannte kulturelle Leistungsgemeinschaften (Bildungs- und Erziehungswesen, Wissenschaft und Künste, Schrifttum und Nachrichtenwesen, Gesundheitsdienst usw.). Im Bereich der Wirtschaft gehören Arbeitgeber und Arbeitnehmer aus dem gleichen Wirtschaftszweig, z. B. der Metallindustrie, einer Berufsgemeinschaft bzw. auf betrieblicher Ebene einer Betriebsgemeinschaft an. Insofern bedeutet das Wort Beruf die Zugehörigkeit zu einem bestimmten Zweig der paritätisch gebildeten Berufsgemeinschaften in der Gesellschaft (Korporationsprinzip).

In einer Art Selbstkritik sieht der Autor dieses Ordnungsmodell nicht unter der Voraussetzung, daß die Menschen Engel seien.

Es verlangt nicht mehr Gewissenhaftigkeit und Selbstlosigkeit als andere Gestaltungen der Gesellschaft und Wirtschaft. „Aber mit lauter Teufeln ist sie (die berufsständische Ordnung) auch nicht durchführbar. Jeder von uns wird an sich selbst Erziehungsarbeit zu leisten haben, um ein taugliches und wertvolles Glied einer berufsständischen Ordnung sein zu können." Dieser Satz und der Begriff „berufsständische Ordnung" legen die Schlußfolgerung nahe, daß es sich bei dieser Konzeption um eine ideologische und weitgehend auch utopisch wirkende politische Neuordnung handelt. So wird sie jedenfalls in der einschlägigen Literatur vielfach verstanden. Dabei scheint uns aber der Sachverhalt der hier verwendeten Terminologie mißverstanden zu werden. Was Nell-Breuning als berufsständische Ordnung bezeichnet, hat mit den überkommenen Vorstellungen der katholischen Soziallehre von Beruf und Stand wenig gemeinsam. In der hier formulierten vierten These wird Beruf nicht als Fachberuf, sondern als Arbeitsplatz, „wo er mit seiner Tätigkeit eingesetzt ist", deklariert. Das Wort Stand wird nicht im Sinne der alten Ständeordnung, sondern in Richtung der modernen industriegesellschaftlichen Organisation verwendet, allerdings nicht nur als Arbeitnehmerorganisation, sondern, wie die siebte These zeigt, als Leistungsgemeinschaft von Arbeitgebern und Arbeitnehmern aus dem gleichen Wirtschaftszweig mit der korrespondierenden Betriebsgemeinschaft auf betrieblicher Ebene. Hier könnte man bedenkliche Beziehungen zu Ideologien der Vergangenheit erkennen. Das gleiche gilt für die sechste These von den Körperschaften des öffentlichen Rechts. Wir haben das Beispiel nur angeführt, um den Bedeutungswandel von Arbeit und Beruf als konvergentes Kontinuum auch in anderen Zusammenhängen nachzuweisen.

3.3 Arbeit und Beruf im System der Lebensbereiche

Das funktionale Wirkungsmodell von Gesellschaft, Wirtschaft, Kultur und Politik hielt sich vorwiegend in abstrakten Begriffen und Bezügen. Mit dem System der Lebensbereiche soll die sozio-kulturelle Situation des Individuums in der Arbeits- und Berufswelt konkret dargestellt werden. Hier sind Arbeit und

Beruf als Handlungsfelder mit anderen Handlungsbereichen in einem Ordnungssystem zu konfrontieren, das die wichtigsten sozialen Subsysteme und Subkulturen enthält, mit denen der arbeitende Mensch in verschiedenen Lebenszeiten und als Träger verschiedener sozialer Rollen zu tun hat. Dazu müssen wir uns an einige Thesen zum Sozialsystem erinnern, die diese Situation bereits angesprochen haben, z. B. daß in der soziokulturellen Person die verschiedenen Sozialsysteme als Rollen zusammenkommen, etwa als Angehöriger eines Betriebes, als Familienvater, als Vereinsmitglied; weiterhin, daß diese sozialen Rollen Grundeinheiten von Handlungssystemen sind in bestimmten Bereichen. Schließlich bildet, wie wir gesehen haben, das Bedürfnissystem des Menschen als sozio-kulturelle Person das aktive Prinzip sozialer Entwicklung. Die Befriedigung solcher Bedürfnisse erfolgt unmittelbar oder mittelbar im allgemeinen über die sozialen Rollen in der Arbeits- und Berufswelt.

Bei der folgenden Darstellung der Lebensbereiche ist einerseits an die „Ausstrahlungskraft, die Berufsrollen auf die Bestimmung der vor-, nach- und außerberuflichen Rollen haben", gedacht, andererseits die Interdependenz von Arbeit und Beruf zu arbeitsfernen Lebensbereichen in verschiedenen Sektoren gemeint [60, S. 85].

3.3.1 Schematische Darstellung

Um dieses Zusammenspiel zwischen sozialen Systemen, Teilsystemen und sozialen Rollen mit dem Bedürfnissystem des Menschen überschaubar zu machen, gehen wir von vier Lebensbereichen aus, die nach der in der Soziologie üblichen Kennzeichnung als primäre, sekundäre, tertiäre und quartäre unterschieden werden. Wir können sie als Distanzbegriffe sozialer Handlungsfelder und Systeme verstehen, d. h. in dem mehr oder weniger großen Abstand des Menschen als sozio-kulturelle Person von ihnen. Dieses Distanzverhältnis läßt die Verwendung der Adjektiva primär bis quartär von anderen Arten, wie z. B. primäre und sekundäre Systeme oder primäre und sekundäre Gruppen, leicht unterscheiden. Das gleiche gilt von der Sektorenterminologie [im Anschluß an Fourastié, 16] zwischen Landwirtschaft (primärer Sektor), Verarbeitung (sekundärer Sektor), privaten (tertiärer Sektor) und öffentlichen Dienstleistungen (quartärer Sektor). Der Ausdruck „Lebensbereich" könnte als einseitig individuumbezogen aufgefaßt werden, ist aber bilateral gemeint, d. h. als Bezugssystem zwischen Individuum und Gesellschaft. Zum Beispiel werden Arbeit und Beruf, wie wir an dem Wirkungsmodell erkannt haben, einerseits von der Gesellschaft und ihren Teilsystemen in Quantität und Qualität beeinflußt, andererseits ist der Standard von Arbeit und Beruf maßgebend für den Entwicklungsgrad der Sozialsysteme. Das folgende Schaubild ist also ein multielementares und ebenso multifunktionales Bezugssystem.

Arbeit und Beruf im System der Lebensbereiche

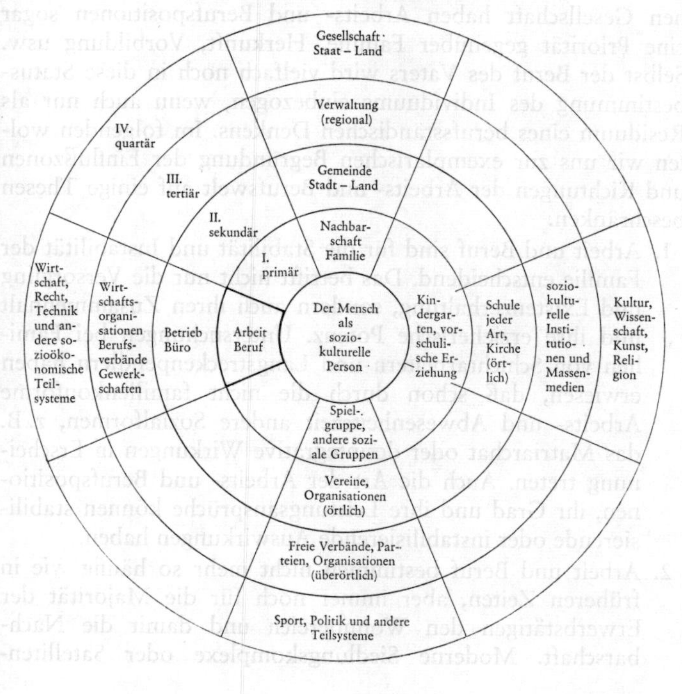

3.3.2 Standort und Funktionen von Arbeit und Beruf im System der Lebensbereiche

Das vorstehende Schema soll in zweifacher Hinsicht die Aufgabe einer Standortbestimmung erfüllen. Zum einen ist der Mensch hier Bezugsmittelpunkt im Schnittpunkt sozialer Rollen. Zum anderen sollen Arbeit und Beruf als zentraler Handlungsbereich für einige der im Schema verzeichneten mikro- und makrosoziologischen Systeme und Handlungsfelder standortmäßig analysiert werden. In fortgeschrittenen Gesellschaftsordnungen gehören Arbeit und Beruf schon rein äußerlich als Personaldaten wie Name, Alter, Geschlecht und Familienstand zu den Ordnungsmerkmalen des Individuums. Sie sind lebenbegleitende Prägefaktoren wie Familie, Nachbarschaft und andere, und werden deshalb zum primären Lebensbereich des Menschen gerechnet. Für die Statusbestimmung in der modernen Gesellschaft haben Arbeits- und Berufspositionen sogar eine Priorität gegenüber Familie, Herkunft, Vorbildung usw. Selbst der Beruf des Vaters wird vielfach noch in diese Statusbestimmung des Individuums einbezogen, wenn auch nur als Residuum eines berufsständischen Denkens. Im folgenden wollen wir uns zur exemplarischen Begründung der Einflußzonen und Richtungen der Arbeits- und Berufswelt auf einige Thesen beschränken.

1. Arbeit und Beruf sind für die Stabilität und Instabilität der Familie entscheidend. Das betrifft nicht nur die Versorgung und Existenzerhaltung, sondern auch ihren Zusammenhalt und ihre erzieherische Potenz. Untersuchungen bei Familien von Schichtarbeitern und Langstreckenpendlern haben erwiesen, daß schon durch die nicht familienkonforme Arbeits- und Abwesenheitszeit andere Sozialformen, z. B. das Matriarchat oder desintegrative Wirkungen in Erscheinung treten. Auch die Art der Arbeits- und Berufspositionen, ihr Grad und ihre Leistungsansprüche können stabilisierende oder instabilisierende Auswirkungen haben.
2. Arbeit und Beruf bestimmen nicht mehr so häufig wie in früheren Zeiten, aber immer noch für die Majorität der Erwerbstätigen den Wohnbereich und damit die Nachbarschaft. Moderne Siedlungskomplexe oder Satelliten-

städte verfolgen das Prinzip der sozialen Gemengelage, d. h. des Nebeneinanderwohnens von Arbeits- und Berufstätigen verschiedenster Positionen und Funktionen, wie es bei den englischen Satellitenstädten als Grundsatz in die Planung aufgenommen wurde. In alten Ordnungen städtischer Wohnbereiche lassen sich immer noch Arbeiterviertel, Villenviertel als exklusive Wohngegend, City für Geschäftsleute und selbständige Berufe, kurzum, schichtenspezifische Segregate feststellen. Daran hat auch der soziale Wohnungsbau der Nachkriegszeit verhältnismäßig wenig geändert.

3. An dieser arbeits- und berufsbezogenen Segregation sind oft Bereiche des Bildungswesens mehr oder weniger stark orientiert. Das beginnt bei der Art und Ausstattung von Kindergärten und Vorschulerziehung und reicht nicht selten bis zur Lage höherer Schulen und weiterbildender Anstalten, deren Standorte den Wohngebieten sozialer Schichten zugeordnet werden. Nur die Universitäten und andere Hochschulen liegen außerhalb dieser nachbarschaftsbezogenen Einflüsse, weil ihr Einziehungsbereich über ein solches Sektorendenken hinausgeht.
4. Arbeit und Beruf sind vielfach richtunggebend für die Zugehörigkeit zu freien Vereinen. Bekannt ist die Vorliebe von Berg- und Hüttenarbeitern für besondere Vereinstätigkeiten außerhalb des Sports, z. B. Brieftaubenverein, Schrebergartenverein. Andere soziale Gruppen der Arbeits- und Berufswelt sind unterschiedlichen Arten von Sportbetätigung zugehörig, wobei die angenommene oder tatsächliche Exklusivität eine bedeutende Rolle spielt, etwa bei Tennisvereinen, Reitervereinen und vor allem Golfclubs für Bankleute, Unternehmer, Grossisten und andere finanzstarke Kreise.
5. Gewerkschaftliche und parteipolitische Verbindungen stehen in unmittelbarem Zusammenhang mit der Arbeits- und Berufstätigkeit. Bei den Gewerkschaften ist das insofern selbstverständlich, als hier nur lohn- und gehaltsabhängige Erwerbstätige nach ihrer Arbeitsstelle organisiert sind. Demnach ist die Betriebszugehörigkeit und nicht

mehr die Berufszugehörigkeit zum Organisationsprinzip der Industriegewerkschaften geworden. Für die politischen Parteien ist der Unterschied zwischen Arbeitern und Bürgerlichen nicht mehr so dominierend wie im 19. Jahrhundert bis in die Mitte des 20. Jahrhunderts, da alle Parteien dahin tendieren, als Volksparteien für alle Arbeits- und Berufstätigen offen zu sein.

6. Inwieweit die Art der Erwerbstätigkeit für die Zugehörigkeit zu einer Religionsgemeinschaft und für den Kirchgang noch von Einfluß ist, läßt sich mit Rücksicht auf zwei Gründe nur mit empirischen Untersuchungen feststellen. Der eine Grund betrifft die Kirchenzugehörigkeit über die Kirchensteuer, die nach letzten Informationen immer noch von mehr als 90 % der Bevölkerung entrichtet wird, ohne daß damit etwas über Religiosität und kirchliche Aktivität nach Berufen und Schichten ausgesagt wird. Untersuchungen aus der Zeit vor Beginn der Auseinandersetzungen innerhalb der evangelischen und katholischen Kirche, also vor Beginn der Kirchenaustrittsbewegung, unterscheiden zum anderen nach Kerngemeinde, Randgemeinde und Außengemeinde, wobei die erste als aktive Gruppe mit höchstens 5 bis 10 % angegeben wird, und zwar überwiegend aus Erwerbstätigen des Mittelstandes und der freien Berufe [57; 38].

7. Arbeit und Beruf sind natürlich entscheidend für die Zugehörigkeit zum Betrieb in einer sehr differenzierten Auffassung vom Industriebetrieb über Handwerk, Handel, bis hin zur Verwaltung. Hier ist die Reziprozität von Standortbestimmung und Handlungsfeld eindeutig. Zwar hat der Positionsinhaber vielfach noch die Entscheidungsfreiheit für die Arbeitsplatzwahl und damit für den speziellen Betrieb. Dieser Entscheidungsspielraum steht ihm in den anderen bisher genannten sozialen Systemen der Lebensbereiche aber in größerem Ausmaße zur Verfügung.

8. Mit den Beziehungen von Arbeit und Beruf zu Gemeinde, Regionalverwaltung und Staat beginnt das zunehmende Distanzverhältnis des Menschen als sozio-kulturelle Person, allerdings relativiert durch Art und Grad seiner Posi-

tion. Mit anderen Worten: Wer in einem Industriebetrieb als Angestellter tätig ist, hat nur dann ein geringeres Distanzverhältnis zu diesen sozialen Sektoren im sekundären, tertiären und quartären Lebensbereich, wenn er außerberufliche Aktivitäten im politischen, kulturellen oder Vereins- und Verbandsleben erstrebt und erreicht, z. B. kann er Landtags- oder Bundestagsabgeordneter werden, was durch seine Arbeitsposition zwar gefördert, aber nicht verursacht werden kann.

9. Arbeit und Beruf sind wichtige Faktoren des Lebensstils und für die Struktur der Lebenslandschaft. Physisches und materielles Wohlbefinden, interpersonale Beziehungen und Kontakte, die verschiedene Subkulturen repräsentieren, und nicht zuletzt die Art und Zeit des Eintritts in den Lebensabend als Rentner und Pensionär sind positionsbezogene Ergebnisse.
10. Arbeit und Beruf sind für die individuellen Wertvorstellungen und ihre Beziehungen zu zentralen Werten der Gesamtgesellschaft ein Teil des Determinationssystems, in dem die sozio-kulturelle Person die Pluralität der sozialen Rollen in der modernen Gesellschaft aufnimmt und ordnet.

3.3.3 Arbeit und Beruf als Statuskriterien

Die unterschiedslose Beziehung der Phänomene Arbeit und Beruf auf einen Status muß demjenigen unzulässig erscheinen, der sich nur an dem Professionalisierungsgrad von Berufspositionen orientiert. Das scheint auch heute noch Wertvorstellungen der öffentlichen Meinung zu entsprechen, da man ungelernte Arbeiter auch dann noch in niedrigste Schichtzugehörigkeit einordnet, wenn sie durch langjährige Betriebserfahrung sich vergleichbare Fachkenntnisse erworben haben. Sie werden in die Arbeitskategorie ohne Professionalisierung eingewiesen, weil ihnen die angenommenen Merkmale einer Profession fehlen. Dieses herkömmliche Urteil ist sicherlich einer der Gründe, weshalb in manchen soziologischen Untersuchungen über die Situation von Hilfsarbeitern deren Bewußtsein und manchmal auch Protest gegenüber einer ungerechten und ungerechtfertigten sozialen Einstufung nachgewiesen wird. Die

Nicht-Professionalisierung ihrer Arbeitspositionen wird damit zu einer Nicht-Anerkennung eines Status in der Gesellschaft. Diese Nicht-Anerkennung wiederum versperrt trotz des eventuellen ökonomischen und sozialen Wertes und Beitrages solcher Hilfsarbeiten für die Ziele eines Betriebes und der Gesamtgesellschaft den Weg zu Verhaltenserwartungen, die über die Hilfsarbeiterposition hinausgehen, und damit auch zu einem sozialen Prestige. Demonstrative Beispiele dafür gibt es besonders in jenen entwickelten Industriegesellschaften, die in größerer Zahl ausländische Arbeitnehmer aufnehmen können und ihnen dann diejenigen Arbeiten und Arbeitsplätze zuweisen, die den einheimischen Arbeitnehmern als unterprivilegiert und damit ohne Statuskriterien erscheinen. Hier werden traditionelle Vorurteile aus der Deutungsgeschichte von Arbeit und Beruf weitergetragen, da man nur die Arbeitsverrichtung selbst, aber nicht ihre betriebliche und gesellschaftliche Bedeutung zum Maßstab macht.

Gegen dieses betriebliche und gesamtgesellschaftliche traditionelle Denken lassen sich folgende Argumente anführen, wie sie zum Teil schon in den entwickelten Phasen der Arbeitspädagogik angedeutet wurden. Sie entstammen sowohl einer Beobachtung der Wirklichkeit des Arbeits- und Berufslebens wie auch dem im ersten Teil dieser Schrift begründeten Kontinuum zwischen Arbeit und Beruf. Jeder Kenner der Arbeitssituationen in der Industrie weiß, daß es sowohl von den Arbeitsanforderungen wie auch von den damit konfrontierten Menschen aus eine große Zahl von Tätigkeiten gibt, die mindestens soviel technisches und fachliches Wissen erfordern wie gelernte Berufe, obwohl sie keine entsprechende fachliche Vorbildung erfordern. Wir verwiesen bereits auf Arbeitspositionen hoher Qualität in der Hüttenindustrie am Hochofen und in den Stahlwerken, die von ersten und zweiten Schmelzern durch langjährige Berufstätigkeit erworben werden. Auch der Bergbau, die Industrie der Steine und Erden, die Automobilindustrie und viele andere Branchen bieten solche Beispiele. Ihre Arbeitsleistung entspricht auch ohne spezielle Arbeitsausbildung nicht selten dem Status eines Technikers, Vorarbeiters oder mittleren Angestellten, ohne daß er ihnen zuerkannt wird. Dabei sind die Maßstäbe für den Statusbegriff in der Rangordnung der modernen Gesellschaft doch weitgehend am Lebensstandard, also an Einkommen und Vermögen orientiert, und dieser Maßstab müßte angesichts der Tatsache, daß ein hoher Prozentsatz dieser Berg- und Hüttenarbeiter nicht nur höheres Einkommen, sondern auch Hausbesitz hat, für eine Umorientierung des Statusdenkens in der Öffentlichkeit ausreichen. Vielleicht sind es ausgesprochen bürgerliche Vorurteile, die noch auf das 19. Jahrhundert zurückgehen und in ähnlicher Weise auch einer Erwerbstätigkeit und Statusanerkennung der Frauen entgegenstehen. Man kann das in den Massenkommunikationsmitteln gut beobachten, wenn sie über abweichendes Verhalten jeder Art, einschließlich Verbrechen berichten und dabei normalerweise die Arbeitsstellung der Betroffenen angeben, wenn sie Hilfsarbeiter sind, aber selten, wenn sie irgendwelchen „Professionen" angehören.

3.3.4 Arbeit, Beruf und Freizeit

In der vorstehend behandelten Standortbestimmung von Arbeit und Beruf im System der Lebensbereiche ist die Freizeit als Handlungsfeld nicht genannt oder etwa bei den Beziehungen zu Kultur, Sport und Massenmedien nur angedeutet worden. Hier soll deshalb noch ergänzend der Versuch unternommen werden, die quantitative und qualitative Relation von Arbeit und Freizeit typologisch zu ordnen.

Es gibt verschiedene Interpretationen über diese Beziehungen [32; 49; 54; 50], von denen vor allem die folgenden vier in der soziologischen Literatur über Arbeit und Freizeit zu finden sind.

Das ist zunächst die sogenannte Kompensationstheorie, nach der die Freizeit den Streß und die Anforderungen der Arbeit durch Erholung, durch Beseitigung von Ermüdung zur Wiederherstellung der normalen Leistungsfähigkeit ausgleichen soll. Hier handelt es sich vornehmlich um arbeitsphysiologische Probleme.

Eine andere Sicht findet sich in der Kontrasttheorie. Danach hat die Freizeit die Aufgabe, durch andere Aktivitäten, z. B. Sport oder Hobbies ein Gegengewicht zu den physischen und geistigen Anforderungen in Büro und Betrieb zu schaffen. Die freie Entscheidung innerhalb dieser Zeit soll zugleich die Unterordnung unter eine anonyme Autorität, wie sie im Arbeits- und Berufsleben üblich ist, kontrastieren.

Eine dritte Auffassung geht von der Annahme aus, daß Arbeit und Freizeit einen Konflikt von Verhaltensweisen bewirken, der im Privatleben zu Isolation und mangelnder Anpassung an die soziale Umwelt führen kann. Solche Folgeerscheinungen sind in empirisch-soziologischen Untersuchungen bei Erwerbstätigen mit physischer oder geistiger Über- und Unterforderung festgestellt worden. Durch eine dem technischen und sozialen Fortschritt in Arbeit und Beruf entsprechende Freizeitpädagogik soll mit ähnlichen Mitteln, aber auf der Grundlage der Selbstbestimmung ein Gleichgewicht hergestellt werden, etwa durch arbeits- und berufsbezogene Weiterbildung, durch Anregungen sinnvoller Freizeitbeschäftigung und informale Gruppenpflege.

Die vierte und letzte ist die sogenannte Einheitstheorie. Sie erstrebt die Wiederherstellung der Einheit zwischen Arbeit und täglichem Leben, wie sie in der vorindustriellen Zivilisation bestanden hat. Sie verweist auf das Leben in geschlossenen Gesellschaftsordnungen, die heute noch auf dem Lande oder in Kleinstädten mit Handwerks- und Einzelhandelsbetrieben zu finden sind, Ordnungen, in die mithelfende Familienangehörige und Mitarbeiter unmittelbar einbezogen werden. Mit diesem Einheitsgedanken will man die Trennwände, die durch die Industrialisierung zwischen Arbeit und Beruf einerseits und Privatleben andererseits aufgerichtet wurden, beseitigen. Das ist für eine Industriegesellschaft eine zu sehr rückwärts gerichtete Perspektive, die nur in der Denkweise der Gleichgewichtstheorie eine gewisse Realitätsbezogenheit hat. Der moderne Mensch wird außerhalb seiner Arbeitsstätte so sehr mit der Technik im Haushalt, durch die Massenmedien, durch den Verkehr und das eigene Auto konfrontiert, daß eine Anpassung der Lebens- und Denkweisen zwischen den beiden Hälften des täglichen Daseins erreichbar erscheint. Gleichwohl hat es auch für die Arbeit in der Industrie Versuche in Richtung der Einheitstheorie gegeben, etwa entsprechend dem früheren Verlagssystem, bei dem die Arbeit im Hause verrichtet wurde, während die Materiallieferung und der Absatz in einem Betrieb zentralisiert waren. Solche geschlossenen Formen des Arbeitsplatzes im Hause sind in der Heimarbeit noch sehr verbreitet. Der moderne Industriebetrieb tendiert eher in die entgegengesetzte Richtung der Zentralisierung als der Dezentralisierung der Arbeitsplätze.

Aus der industriegesellschaftlich bedingten Trennung von Arbeitszeit und Freizeit haben sich andere theoretische Überlegungen über bestimmte Sozialtypen entwickelt. Im Anschluß an eine dieser Theorien [vgl. dazu 32, S. 9] können wir vier Verhaltenstypen unterscheiden, die die Grenze zwischen Arbeit und Privatleben unterschiedlich ziehen. Es sind der reine Berufsmensch, der reine Privatmensch, der schismatische Typ und der Integrationstyp. Damit sind folgende charakteristische Merkmale gemeint:

– Der reine Berufsmensch ist jener Sozialtyp, der zum Privatleben nicht mehr kommt, weil er in seiner Arbeit aufgeht, also sie als Lebenszweck betreibt. Sein Umweltverhalten ist in der Arbeits- und Freizeit leistungsorientiert. Als Beispiele können der Manager oder der Politiker dienen, für die es in der betrieblichen und politischen Verantwortung keine Zeitgrenzen mehr gibt. Solche Beispiele lassen sich auch aus anderen Bereichen anführen, etwa freie Berufe wie Ärzte, Rechtsanwälte, Wissenschaftler, die durch oder ohne Außenfaktoren von ihrer Tätigkeit sozusagen besessen sind. Die Motive müssen nicht immer ethischer oder sozialer Natur sein, sie können durchaus auf schrankenlosem Ehrgeiz und materiellen Erwartungen beruhen.

– Der reine Privatmensch ist der Gegensatz zum ersten. Er kann in verschiedenen Sozialformen vorkommen: etwa in der Art, daß der Mensch sich zwar der Arbeit bedient, um zu existieren, aber seinen Lebensinhalt nur in der Freizeit findet. Innerlich steht er in der Arbeits- und Berufswelt mit einer persönlichen Anonymität und führt sein eigentliches Leben in seiner Familie und ihrer sozialen Umwelt. Hier findet er den schützenden Mantel seiner personalen Entfaltung und Betätigung.

- Der schismatische Typ grenzt Arbeit und Freizeit scharf gegeneinander ab. Er betrachtet den Feierabend als wohlverdientes Eigenleben, ohne das Arbeits- und Berufsleben in seiner Wertordnung zu degradieren. Im Gegenteil, er lebt sowohl ganz in der Arbeitswelt wie in bewußter Distanz davon auch in der Freizeit, also in zwei Welten, die jede ihr eigenes Recht haben und die er mit ihrem besonderen Sinngehalt erfüllt. Dieser Sozialtyp ist immer in Gefahr, sich weder mit der Arbeit noch mit dem Privatleben identifizieren zu können. Er befindet sich in beiden Bereichen in einer bloß scheinbaren Aktivität. Wegen dieser Bewußtseinsspaltung des täglichen Lebens nennen wir ihn schismatisch.
- Der Integrationstyp versucht und versteht es, die Motivationen, Interessen und Zielorientierungen von Arbeit, Beruf und Freizeit miteinander zu vereinen. Er ist also weder Berufs- noch Privatmensch, sondern verkörpert einen Verhaltenstyp, für den bald das Private, bald das Berufliche die Oberhand gewinnt. Man kann dabei an künstlerisch oder wissenschaftlich tätige Menschen denken, die das Leben zu meistern und zu planen verstehen sowie mit gleicher Begeisterung das Erreichbare erstreben aber auch genießen können. Es sind jene dionysischen Gestalten mit innerer Einheit und Geschlossenheit der Persönlichkeit, die auch dauernden Spannungen, inneren Zweifeln an ihrer Leistungsfähigkeit widerstreben können. In ihrer Vereinigung von Arbeit und Privatleben liegt eine Art Selbstverständlichkeit und kein billiger Kompromiß. Ihre Leitbilder sind der homo universalis oder nach der hier gewählten Terminologie auch der homo integratus. Dieser würde in erster Linie den Vorstellungen der Einheitstheorie entsprechen und damit immer ein Ausnahmefall sein, vor allem in der Industriegesellschaft. Trotzdem repräsentiert der Integrationstyp die Trägerfigur der Gesellschaft zu allen Zeiten, den Innovator in allen Bereichen, sei es den Staatsmann, den technischen Erfinder, den progressiven Sozialpolitiker oder den Unternehmer als Pionier einer neuen Zeit. Ihn als normale Erscheinung der

gegenwärtigen und künftigen Gesellschaft zu sehen, würde den Durchschnitt der Menschen überfordern; für sie kann er bestenfalls als Leitfigur von Wirkung sein, aber nicht als normales Lebensziel für Arbeit und Freizeit.

Jörg Johannesson [32] vertritt die Auffassung, daß der von uns so genannte schismatische Typ für die Industriegesellschaft die Norm darstellt, daß also die scharfe Trennung von Arbeit und Freizeit für die Masse der Menschen die generelle Lebensgestaltung ist. Er zitiert hier einen als Zukunftsprophet bekannt gewordenen Autor, nämlich Huxley, der in einem Roman „Kontrapunkte des Lebens" folgenden Prozeß empfiehlt: „Der erste Schritt wäre, die Menschen dahin zu bringen, dualistisch in zwei Abteilen zu leben, in dem einen Abteil als industrialisierte Arbeiter, im anderen als menschliche Wesen." Hier scheint uns die totale Degradierung aller Werte im Arbeits- und Berufsleben als Ideal der Zukunft des Menschen postuliert zu sein. Er demonstriert hier nicht mehr den schismatischen Typ, sondern im Grunde genommen den reinen Privatmenschen.

Die andere Art der Typisierung betrifft die Freizeitverwendung, auf die hier nicht näher eingegangen werden soll. Z. B. unterscheidet Erlinghagen [49, S. 142 f.] berufsorientierte Freizeitgestaltung, was in etwa dem zuvor bezeichneten Typ des reinen Berufsmenschen entspricht, bildungsorientierte, „Liebhaberei"-, musisch und vergnügungsorientierte Freizeitverwendung. Die soziologische Literatur enthält im allgemeinen mehr Versuche dieser, die Freizeit betreffenden Differenzierung als die hier vorgeschlagene Unterscheidung von Verhaltenstypen zwischen Arbeitszeit und Freiheit.

4. Arbeit und Beruf im sozialen und technischen Wandel der Industriegesellschaft

4.1 Zur Theorie des sozialen Wandels

Sozialer Wandel bedeutet die Veränderung sozialer Systeme in einem Zeitabschnitt. Dabei bleibt es völlig offen, ob diese Veränderung als Fortschritt oder Rückschritt gedeutet werden kann. Die erste industrielle Revolution in der Frühindustrialisierungsperiode des 19. Jahrhunderts war für die Entwicklung der Industriegesellschaft in Deutschland technisch und organisatorisch ein Fortschritt, für die betroffenen Handwerker, z. B. die oberschlesischen Weber, und für die Arbeiterschaft eine Existenzgefährdung und sozialer Rückschritt. Ob die zweite, die industrielle Revolution der Gegenwart, das Zeitalter der Automation, für die betroffenen Gruppen der Arbeiter und Angestellten als ökonomischer und sozialer Fortschritt angesehen werden kann, wird die Zukunft lehren. Für einige Gruppen der Arbeitnehmerschaft hat sich bereits der Zwang zur Umschulung und Umstellung auf andere Funktionen und Positionen ergeben. Wegen dieser Offenheit [hierzu vgl. 8, S. 23 ff.; 37, S. 291; 75, S. 350 ff.] ist der soziale Wandel anstelle der progressiv wirkenden Bezeichnungen sozialer Fortschritt, soziale Dynamik und Entwicklung in der soziologischen Literatur zu einem zentralen Begriff geworden. Zur inhaltlichen Deutung dieses Begriffs gehören noch folgende Thesen:

1. Sozialer Wandel ist die Gesamtheit der in einer bestimmten Zeit sich vollziehenden Mobilitätserscheinungen innerhalb eines sozialen Systems. Hauptfaktoren dieser Mobilität sind die Industrialisierung und die technische Entwicklung. In der Regel sind solche Mobilitätsvorgänge positionsbezogen, d. h. durch Veränderungen der Arbeits- und Berufswelt bedingt. Das gilt sowohl für die regionale Mobilität, z. B. die durch Positionsveränderung erforderlich werdende Verlegung des Wohnsitzes, des Wohnortes, gar mit Verlassen des eigenen Landes, als auch für die horizontale (Arbeitsplatzwechsel), die vertikale (sozialer Aufstieg) und die generative Mobilität zwischen den Generationen einer Familie.

2. Dadurch, daß sozialer Wandel nicht in allen Teilsystemen zu gleicher Zeit und in gleichem Tempo verläuft, entstehen Spannungen, Verwerfungen, Verspätungen und Ungleichgewichtigkeiten, die der Begründer der Theorie des sozialen Wandels, Ogburn, als „social and cultural lag“ bezeichnet [61] (vgl. dazu die kritischen Bemerkungen in 4.4.1). Sie können Störungen der sozialen und kulturellen Verhaltens-

weisen bewirken, etwa dadurch, daß das menschliche Bewußtsein und die Lebens- und Denkgewohnheiten hinter dem technisch-wirtschaftlichen Standard zurückbleiben. Das Arbeits- und Berufsleben bietet im Zusammenhang mit der technologischen Dynamik, aber auch infolge der Verwissenschaftlichung der Betriebsführungsmethoden eine Fülle von Beispielen solcher Verhaltensstörungen am Arbeitsplatz und in der Arbeitsorganisation.

3. Da kein soziales System auf längere Zeit mit solchen Gleichgewichtsstörungen existent bleiben kann, entstehen Anpassungsvorgänge und Anpassungszwänge zur Wiederherstellung der Stabilität der bestehenden Ordnung oder soziale Konflikte, die zu einem neuen Sozialsystem führen können. Die Einführung von Containern in der Handelsschiffahrt bietet sowohl für die Anpassungszwänge der Hafenarbeiterschaft als auch für die sozialen Konflikte auf dem Wege zu einer Neuordnung ihrer Arbeitspositionen einen realen Beweis.

4. Sozialer Wandel ist also eine kollektive Abweichung und Abwandlung von habitualisierten Ordnungsformen der Gesellschaft in ihren Teilsystemen, vor allem in den Bereichen von Arbeit und Beruf. Wegen dieser umfassenden Bedeutung für die Veränderung sozialer Systeme sprechen wir auch vom sozio-kulturellen Wandel.

Die unterschiedlichen Bezugsgrößen des Begriffs sozialer Wandel in der neueren Theorie machen deutlich, daß mit einer kausalen Einseitigkeit, wie Ogburn sie zunächst vertreten, dann aber wieder fallengelassen hat, die Ursachen dynamischer Gesellschaftsentwicklung nicht mehr erfaßt werden können. Das gilt auch für die Arten und Antriebe sozio-kulturellen Wandels.

4.2 Arten und Antriebe des sozialen Wandels

Sozio-kultureller Wandel kann nach folgenden Prozeßarten unterschieden werden: linearer und differenzierter, materieller und nichtmaterieller, endogener und exogener, personaler und sozialer Wandel [vgl. 56, S. 65 ff.].

4.2.1 Linearer und differenzierter Wandel

Die ältere soziologische Theorie hat in der Herausarbeitung von Stufen, Stadien und Epochen sich mehr mit dem linearen Wandel befaßt, d. h. der Darstellung und Analyse von Hauptlinien, an denen sich die einzelnen materiellen und immateriellen Lebensbereiche sozusagen im Gleichschritt entwickelten und veränderten. Das gilt sowohl für das Drei-Stadien-Gesetz von Comte wie die Entstehung der klassenlosen Gesellschaft von Karl Marx als auch die Stufeneinteilung von Sorokin. Diese lineare Betrachtungsweise hat sich in der ökonomischen Literatur bei den Stufen und Stadien von W. W. Rostow und von W. G. Hoffmann bis in die Gegenwart fortgesetzt [69; 28]. Kritiker dieser Theorien haben schon frühzeitig darauf hingewiesen, daß eine derartige gleichzeitige Bewegung und Veränderung von sozialen Großgebilden nur möglich ist, wenn die sich wandelnde Einheit frei von Beeinflussung durch äußere Kräfte bleibt. Da bei dem durch die Industrialisierung hervorgerufenen sozialen Wandel diese äußeren Kräfte in der Regel einen entscheidenden Anteil haben, sind in der Soziologie die Theorien vom linearen Wandel mehr und mehr durch solche des differenzierten sozialen Wandels abgelöst worden.

Vor allem die empirische Sozialforschung hat die Unhaltbarkeit einer Linearität des sozialen Wandels nachgewiesen. Ihr Beweismaterial hat die Annahme widerlegt, daß universelle Evolutionsstufen für die gesamte Bevölkerung eines Landes sowie ihre Wirtschafts- und Erwerbsstruktur Geltung haben können. Dieser Nachweis geht so weit, daß es ohne realsoziologische Erforschung offenbleibt, welche Bereiche der Arbeits- und Berufswelt und wie viele Erwerbstätige eines Landes von sozialen Innovationen betroffen werden. Das zu untersuchen war eines der Hauptthemen der historisch-soziologischen Forschung im 19. Jahrhundert. An dem aktuellen Beispiel der Gegenwart, den durch die elektronische Datenverarbeitung hervorgerufenen Evolutionen, läßt sich diese Differenzierung des sozialen Wandels eindeutig nachweisen [53, S. 121 ff.]. Der Begriff differenzierter Wandel setzt voraus, daß zwei oder mehrere miteinander in Verbindung stehende Subsysteme, z. B. Technik und soziale Ordnung, sich unterschiedlich verändern, so daß die Interdependenz zwischen ihnen gestört wird. Es leuchtet ein, daß die Industrialisierungsforschung derartige Gleichgewichtsstörungen zwischen verschiedenen Lebensbereichen, z. B. zwischen traditioneller Familienkultur und industrieller Arbeitsweise sehr beachten und beobachten muß, um die daraus sich ergebenden dysfunktionalen Wirkungen im Beziehungsfeld zwischen zwei Welten bis in die täglichen Lebens- und Arbeitsvorgänge hinein verfolgen zu können.

4.2.2 Materieller und nichtmaterieller Wandel

Die ökonomische Entwicklungsforschung operiert mit Begriffen wie Wachstum und Fortschritt, wenn sie Veränderungen in regional und sachlich begrenzten Bereichen untersuchen und darstellen will. Sie geht im allgemeinen von der These aus, daß man die materiellen Grundlagen einer Gesellschaft, ihre Wirtschaftsordnung, ihre Produktionsstätten und Produktionsverfahren verändern bzw. neu gestalten muß, um durch Industrialisierung nicht nur auf einen höheren Lebensstandard, sondern auch auf ein höheres Kulturniveau zu gelangen. Aus diesem Grunde verstehen manche Ökonomen den Begriff „industrielle Gesellschaft" auch einseitig als eine durch Industrie und Technik beherrschte Wirtschafts- und Sozialordnung. In der Sozialforschung aber ist schon in den ersten Formulierungen der Theorie vom sozialen Wandel eine Unterscheidung zwischen materiellen und nichtmateriellen Bereichen getroffen worden, vor allem von Ogburn selbst in der Gegenüberstellung von material und non material culture. Um aber den in der Soziologie immer mehr in den Vordergrund tretenden sozio-kulturellen Begriff von dem allgemeinen „sozialer Wandel" abzugrenzen, wird hier die Unterscheidung zwischen materiellem und nichtmateriellem Wandel in dem Sinne verstanden, daß die nichtmateriellen Bereiche und Faktoren vornehmlich kulturelle und soziale Prozesse im engeren Sinne betreffen, z. B. im Bildungswesen, in der Arbeits- und Berufsdifferenzierung und der sozialen Schichtung.

4.2.3 Endogener und exogener Wandel

Diese beiden Begriffe werden von Talcot Parsons [62, S. 38 f.]

unter der Bezeichnung endogene und exogene Quellen des Wandels in dem Sinne verwendet, daß die erstgenannten Spannungen zwischen zwei oder mehreren strukturellen Einheiten oder Systemen die Tendenz zum Ungleichgewicht bedeuten. Exogene Quellen sind endogene Wandlungstendenzen der „Umwelten", die mit dem betreffenden sozialen System verknüpft sind, z. B. Veränderungen der physischen Umwelt oder des kulturellen Systems durch technisches Wissen. Diese Unterscheidungen betreffen einerseits endogene Prozesse und andererseits exogene Faktoren des sozialen Wandels. Bei den Prozessen werden die Vorgänge und Veränderungen innerhalb sozialer Systeme angesprochen, bei den Faktoren die auf den Wandel innen oder außen hinwirkenden Innovationen. Beispiele für die prozessuale Auffassung haben wir bei der Begründung des differenzierten Wandels kennengelernt. Bei der Entwicklung fast aller alten Industrieländer läßt sich ein Zusammenwirken von exogenen und endogenen Faktoren feststellen. Zum Beispiel ist die erste Gründerzeit des Ruhrgebietes zwischen 1850 und 1860 durch Kapital und technische Einflüsse von England und Irland inszeniert worden. Andererseits ist die englische Stahlindustrie um die Mitte des 19. Jahrhunderts durch drakonische Maßnahmen vor der Wirtschaftsspionage der deutschen Eisen- und Hüttenleute geschützt worden; zu einer Zeit also, als die endogenen Faktoren des wirtschaftlichen und sozialen Wandels in Deutschland noch nicht stark genug waren, um den Standard der englischen Eisen- und Stahlindustrie zu erreichen. Diese Perspektive für die Unterscheidung von exogenem und endogenem Wandel ist natürlich nicht unmittelbar, sondern nur mittelbar durch die soziologischen und sozialen Folgen mit dem Begriff des sozialen Wandels vereinbar. Primär sind soziale Wirkungen in Gestalt der frühindustriellen Arbeits- und Lebensbedingungen und sekundär soziokulturelle Auswirkungen in der Umstrukturierung der Gesellschaft durch die neuen Schichten der Arbeitnehmer, Unternehmer, Ingenieure sowie in der Entstehung eines völlig neuen Bildungswesens technischer, fachlicher und wirtschaftlicher Natur in die Prozeßarten des sozialen Wandels einzubeziehen. Schon diese Wirkungszusammenhänge machen deutlich, daß durch den exogenen und endogenen Wandel die ganze Skala von Veränderungen in der Arbeits- und Berufswelt eingetreten ist.

4.2.4 Personaler und sozialer Wandel

Zwischen dem personalen und sozialen Wandel besteht eine unaufhebbare Verbindung, weil soziale Systeme (Gruppen, Gebilde, Institutionen) bestehen, in die der Einzelmensch durch die Struktur der sozialen Rollen und Positionen, sowie durch Status und Prestige eingeordnet ist. Der Grad dieser Einordnung richtet sich nach dem Ausmaß, in dem er die Verhaltens- und Normenstruktur der sozialen Gebilde in sich aufnimmt. Im allgemeinen geht man von der These aus, daß in traditionsgeleiteten Sozialordnungen mit zum Teil autoritären Familien-, Stammes- und politischen Strukturen dieser Integrationsgrad weitgehend linear bestimmt wird. In Industriegesellschaften dagegen differenziert sich der Wandel auch im personalen Bereich, vor allem im Arbeitsleben. Deshalb soll hier die Theorie vom sozialen Wandel auf Strukturveränderungen sozialer Gebilde bezogen werden, während für den personalen Wandel die Sozialisationstheorie die Grundlage bildet (vgl. dazu einleitende Begründung in 1.2.2). Um für diese Unterscheidung ein Beispiel aus der Industrialisierung im 19. Jahrhundert zur Konkretisierung heranzuziehen, braucht nur auf den Unterschied zwischen den gesamtgesellschaftlichen Erscheinungen und Folgen der sogenannten „Industriellen Völkerwanderung" von Ostdeutschland in die westdeutschen Industriebezirke und dem damit verbundenen Einordnungszwang der ostdeutschen Landarbeiter und ihrer Familien in das Ordnungssystem der Großbetriebe und der Industriestädte hingewiesen zu werden. Trotz des unaufhebbaren Zusammenhangs zwischen sozialem und personalem Wandel sind die sozialen Prozesse, die sich dabei für das Individuum und die Gesellschaft vollziehen, getrennt zu erfassen und zu analysieren. Dem Individuum stehen im Hinblick auf seinen Werthorizont drei Reaktionsalternativen zur Verfügung: die Beibehaltung des eigenen Wertsystems in einer fremden Welt, eine lediglich materielle Identifizierung mit Industriearbeit und Industriebetrieb als Anpassungskonzession oder eine personale Internalisierung der industriellen Wertordnung, die ein stabiles Verhältnis von Individuum, Gesellschaft und Kultur wiederherzustellen vermag. Bei der Entscheidung zwischen diesen drei Alternativen kommt es auf die mehr oder weniger große Bereitschaft zur Rollenerweiterung und auf die Offenheit des sozialen Werthorizontes an. Beides betrifft die Sozialisationsproblematik, auf die wir später zurückkommen werden, zunächst aber wollen wir sowohl den gesamtgesellschaftlichen sozialen Wandel wie den sozio-kulturellen Wandel in der Arbeits- und Berufswelt weiter verfolgen.

4.3 Arbeit und Beruf in der industriegesellschaftlichen Entwicklung

Den auf Arbeit und Beruf bezogenen gesamtgesellschaftlichen sozialen Wandel wollen wir auf zwei Entwicklungsrichtungen beschränken, in dem wir einmal die Grundprozesse industriegesellschaftlicher Entwicklung und zum anderen ihre Differenzierung nach den bereits erwähnten primären, sekundären und tertiären Sektoren darstellen. Die erstgenannte Richtung ist an den Phasen für die Entstehung einer Industriegesellschaft, also retrospektiv orientiert, die andere mehr prospektiv an der unterschiedlichen Bedeutung der Sektoren für die künftige Gesellschaftsstruktur.

4.3.1 Grundprozesse industriegesellschaftlicher Entwicklung

Der soziale Wandel von Arbeit und Beruf steht in engem Zusammenhang mit der Industrialisierung als einem sozialen Prozeß in verschiedenen Zeitabschnitten zwischen einer entfalteten Agrargesellschaft und einer ausgereiften Industriegesellschaft. Diese Zeitabschnitte werden in den Wirtschafts- und Sozialwissenschaften unterschiedlich gekennzeichnet und nach Jahren oder Jahrzehnten abgegrenzt, unter anderem nach Stufen, Stadien, Epochen und Etappen. Dabei ist die Möglichkeit von Überschichtungen und Überlagerungen der verschiedenen Abschnitte nicht berücksichtigt. In der kontinualen Denkweise bevorzugen wir deshalb den Begriff Phasen mit verschiedenen

Abläufen, die keine lineare Begrenzung haben, sondern differenziert sind, d. h. sie können in den Regionen der Industrialisierung, den Branchen, einzelnen Erwerbszweigen und Tätigkeiten unterschiedlich und auch parallel verlaufen. Im sozialen Wandel des Arbeits- und Berufssystems sind solche Phasenverschiebungen in der Regel das Ergebnis langfristiger sozialer Prozesse und können in ihren Sektoren und Handlungsfeldern auf allgemeine und besondere Faktoren zurückgeführt werden. Initiator und Hauptfaktor dieser Grundprozesse industriegesellschaftlicher Entwicklung ist die Industrialisierung, die wir nach vier Phasen des sozialen Wandels unterscheiden wollen: Entfaltung, Differenzierung, Integrierung und Dynamik.

Diese wirtschafts- und sozialgeschichtliche Phasenperspektive unterscheidet sich natürlich von der funktionalistischen Zuordnung, wie sie z. B. Talcot Parsons vorgenommen hat, obwohl zum Teil dieselben Begriffe verwendet werden [25, S. 208]. Für ihn ist die Anpassung der Wirtschaft an die Veränderung eines Sozialsystems der Anlaß für eine Systematisierung. Dabei unterscheidet er Anpassung (A), Integration (I), Bewahrung kultureller Muster (L) und Zielverwirklichung (G), zu denen jeweils bestimmte Arten und Antriebe von Handlungsbereichen und sozialen Faktoren gehören. Dieses Raster kann, wie Hartmann nachzuweisen versucht, auf die Beziehung zwischen Arbeit, Beruf und Profession in der Weise angewandt werden, daß die vier Funktionsfelder mit einem Prozeß auf der Linie A-G-I-L ein Kontinuum bilden (Orientierung auf den AGIL-Bereich). Während diese Orientierung sich mehr auf die Veränderung des sozialen Bewußtseins bezieht, bedeuten die nun darzustellenden vier Phasen einen objektivistischen Ansatz für die Beziehung zwischen Arbeit, Beruf und Gesellschaft.

4.3.1.1 Entfaltung als Übergang zu industriellen Daseinsformen von Arbeit und Leben

Unter Entfaltung im sozio-kulturellen Sinne soll hier die Gesamtheit der Mobilitätserscheinungen verstanden werden, die im Übergang von nichtindustriellen zu industriellen Daseinsformen die Arbeits- und Berufswelt in einem sozialen System verändern.

Die Sozialgeschichte von Arbeit und Beruf im 19. Jahrhundert in Deutschland zeigt eine Kette von Mobilitätsvorgängen, die parallel zu der technischen und ökonomischen Entwicklung sich vollzogen haben. Sie sind Bewegungen des Berufswechsels, Arbeitsplatzwechsels wie des beruflichen und sonstigen Auf- und Abstiegs. Wenn solche Bewegungen Kollektivcharakter annehmen, wie in der Massenwanderung von Ost nach West oder bei einer zunehmenden Angleichung des Arbeiterstatus an den Status der Angestellten, dann werden sie zu sozialen Umschichtungen. Soziale Mobilität kann auch in der Generationenfolge vom Bauern zum Handwerker, vom ausführenden bis hin zum leitenden Angestellten erfolgen. Die Industrialisierung hat schon in der ersten Phase eine massenhafte Chance regionaler und sozialer Mobilität geschaffen, etwa durch die Verbreiterung der Stufenordnung in den industriellen Betrieben, den Büros und Verwaltungsstellen und nicht zuletzt durch die technische Entwicklung, die zu einer immer weitergehenden Spezialisierung und Pluralisierung des industriellen Arbeitslebens führte. Die Ursachen solcher Entfaltungsvorgänge können nicht nur im technischen Bereich, sondern auch in sozialen Bewegungen, also der Arbeiterbewegung oder in sozialpolitischen Maßnahmen zur Anhebung unterprivilegierter Schichten an den Lebensstandard anderer Gesellschaftsgruppen, nicht zuletzt auch in kulturpolitischen Initiativen, z. B. Bildungsaktivität (Bekämpfung des Analphabetismus) sowie in der Arbeitsmarktpolitik liegen. Die Entfaltungsphase der Industrialisierung ist also ein sozialer Totalprozeß. In ihrem Gefolge stellen sich Anpassungsschwierigkeiten und damit Auswirkungen auf soziale Verhaltensweisen und das Bewußtsein der betroffenen sozialen Gruppen ein. Die Wirkungen dieses Prozesses sind um so entscheidender für den einzelnen und die sozialen Gruppen, je mehr ihre personalen, bildungsmäßigen und sonstigen Situationen und Positionen dem Gesetz des industriellen Systems unterworfen werden. So hat die Industrialisierung im 19. Jahrhundert in Deutschland durch regionale Verschiebungen aus Agrargebieten in die Industriegebiete, durch Umgestaltung ganzer Landschaften, durch Entstehung industrieller Ballungsgebiete und durch Urbanisierung neue soziale Gruppen entstehen lassen, die es in der vorindustriellen Gesellschaft nicht gegeben hat, insbesondere die Arbeiterschaft und die Angestelltenschaft. Sie hat eine Ausweitung und Veränderung des arbeitsteiligen Charakters des sozialen Systems und damit eine neue Welt von sozio-kulturellen Phänomenen mit sich gebracht.

Der Übergang zu industriellen Daseinsformen von Arbeit und Leben soll hier als Entstehung einer Grundstruktur der industriellen Arbeitswelt mit ihren Folgen verstanden werden. Durch Arbeitsteilung entstehen neue Positionen neben alten, Tätigkeitskomplexe lösen sich auf und führen zu neuen Rollen und Verhaltenserwartungen. Durch die vertikale Erweiterung von betrieblichen und beruflichen Stufenordnungen ergeben sich neue Funktionen, etwa der Obermeister über dem Meister, der Oberingenieur über dem Ingenieur, und in den verschiedenen Ebenen bilden sich spezielle Sachgebiete heraus wie Betriebsingenieur, Maschineningenieur, Elektroingenieur, Wirtschaftsingenieur. In der Grundordnung dieser industriellen Arbeitswelt ließ der Übergang neue Lebensordnungen entstehen, die vorindustrielle Sozialformen nicht gekannt haben, also beim personalen Wandel die Teilung des menschlichen Bewußtseins und Lebens in mehrere Bereiche und soziale Rollen: als Glied der Familie, als Mitarbeiter eines Betriebes, als Konsument, als Mitglied außerfamiliarer Institutionen und Verbände usw. Solche Auswirkungen lassen die soziale Ordnung der industriellen Gesellschaft für den Menschen problematisch werden. Die zeitweilige Unverbundenheit der verschiedenen Lebens- und Denkebenen bewirkt jene Konfliktsituationen des Menschen, die in industriellen Entfaltungsphasen das soziale Bewußtsein der Betroffenen vielseitig verändern können.

4.3.1.2 Differenzierung als arbeits- und berufsbezogener Prozeß

Vergleicht man die vorindustrielle und industrielle Struktur der Erwerbstätigkeit in Deutschland, so erkennt man bald, daß global gesehen vier Fünftel der in der Klassifizierung der Berufe [36] aufgeführten Arbeits- und Berufspositionen Ergebnis der Industrialisierung sind. Zu Beginn des 19. Jahrhunderts gab es in den europäischen Ländern mit Ausnahme von England kaum solche Gruppen wie technische Berufe (Ingenieure, Techniker, Spezialisten, Maschinisten), keine Verkehrsberufe, vom Schienenverkehr bis zum Nachrichtenverkehr, und nicht die Vielheit der Verwaltungs- und Sozialberufe, denn es gab weder Sozialversicherungsbehörden noch Arbeitsämter und Sozialgerichte noch Berufsgenossenschaften noch den Gesundheitsdienst. Sie alle sind primär oder sekundär auf die industrielle Differenzierung zurückzuführen.

Auch die Struktur des deutschen Bildungswesens ist zum größten Teil erst unter den Auswirkungen und Notwendigkeiten der Industrialisierung entstanden, von den Berufs- und Fachschulen über die früheren Realschulen – die heutigen Oberschulen – bis hin zu den technischen und anderen Fachhochschulen sowie den neuen Fakultäten der Universitäten. Verglichen mit der Zeit vor 1850 ist das weitverzweigte horizontal und vertikal gegliederte Berufs- und Bildungswesen in Deutschland anzusehen wie der Unterschied zwischen dem Kabelnetz einer elektronischen Datenverarbeitung und dem einer elektrischen Schreibmaschine. Dabei ist Differenzierung nicht gleichbedeutend mit Arbeitsteilung. Auf jeder Ebene und in jedem Sozialbereich moderner Gesellschaftsordnungen lassen sich solche Differenzierungsprozesse nachweisen, weil das industrielle Sozialsystem nur funktionieren kann, wenn es horizontal und vertikal so gegliedert ist, daß alle Aufgaben und Funktionen sowohl im Bildungswesen wie in der Arbeits- und Berufsgliederung eine Basis finden. Differenzierung heißt also für die Arbeits- und Berufssoziologie horizontale Auffächerung und vertikale Stufung der Industriegesellschaft.

4.3.1.3 Integrierung durch arbeits- und berufsorientierte Infrastruktur

Integrierung soll heißen die Entwicklung einer sozio-kulturellen Infrastruktur im industriellen Sozialsystem.

Aus der Phase der Differenzierung entstehen Unausgeglichenheiten mit dysfunktionalen Wirkungen. In der deutschen Industriegeschichte hat es vor allem zwei solcher sozio-kulturellen Unausgeglichenheiten gegeben. Die eine ergab sich aus dem verspäteten Auf- und Ausbau des technischen und kaufmännischen Schul- und Hochschulwesens; es hat seit W. von Humboldts Bildungsreform mehr als ein halbes Jahrhundert gedauert, bis die sogenannten Realfächer sich gegen die Ausschließlichkeit des humanistischen Bildungsideals durchgesetzt haben. Das Real- und technische Schulwesen konnte sich seit der Mitte des Jahrhunderts erst zu einem Zeitpunkt ausbreiten, als der Bedarf der deutschen Industrie an naturwissenschaftlich und technisch vorgebildeten Kräften der mittleren Führungsschicht bereits stark angewachsen war. Die Anwerbungen, die zu jener Zeit in industriell fortgeschrittenen Ländern erfolgten, z. B. in England, zeigen die Reichweite solcher dysfunktionalen Beziehungen zwischen Industrialisierung und sozio-kultureller Infrastruktur. Das andere Beispiel betrifft den Bedarf an wissenschaftlich vorgebildeten Ingenieuren, die erst nach 1880, also nach der Beendigung der Differenzierungsphase, durch Gründung technischer Hochschulen der großbetrieblichen Entwicklung in bescheidenem Umfang zur Verfügung standen. So wie heute deutsche Architekten, Diplom-Ingenieure, Fachlehrer in die Entwicklungsländer geschickt werden, mußte bis zum Ende des 19. Jahrhunderts die deutsche Industrie ausländische hochschulmäßig gebildete Kräfte engagieren, um die Lücke im Aufbau der technischen Berufe auszufüllen. Die Erkenntnis der Bildungsabhängigkeit der Industrialisierung kam damals wie heute erst in einem Stadium fortgeschrittener Betriebstechnik und Wirtschaftsstruktur zur Geltung. Das gleiche gilt für die Tatsache, daß die Zahl der Angestellten im tertiären Sektor erst gegen Ende des 19. Jahrhunderts zu einer sozialen Großgruppe anwuchs. Das vorhandene Mißverhältnis zwischen den über zehn Millionen Arbeitern und etwa 500 000 Angestellten um 1900 hat das dynamische Wachsen der deutschen Großindustrie noch bis 1910 gestört. Manche betriebsorganisatorischen Mängel, etwa das Fehlen von Organisationsplänen mit eindeutigen Zuständigkeits- und Verantwortungsgrenzen und die innerbetriebliche Unproportionalität der Personalbesetzung sind späte Folgen der dysfunktionalen Wirkungen aus der Zeit der großindustriellen Expansion. Die Beseitigung solcher Fehler in der Erwerbsstruktur soll als Integrierung bezeichnet werden, die sich aus den vielseitigen Abhängigkeiten ergibt. Die industrialisierte Gesellschaft als das komplizierteste Sozialsystem, das je in der Geschichte der Welt bestanden hat, kann ohne die Entwicklung einer sozio-kulturellen Infrastruktur und ohne einen interdependenten Zusammenhang der verschiedenen Arbeits- und Lebensbereiche nicht funktionieren. Deshalb ist die Tendenz zur Integrierung jedem industriellen Sozialsystem immanent. Der Integrationsgrad von Wirtschafts- und Erwerbsstruktur ist einer der wichtigsten Indikatoren für den organisatorischen Standard einer Sozialordnung.

4.3.1.4 Dynamik als soziales Wachstum

Wenn das Bewegungsgesetz der Industrialisierung in der Veränderung ihrer Struktur im Zusammenhang mit einer zunehmenden Ausweitung des industriellen Sozialsystems besteht, so kann dieser Prozeß sich in zwei Richtungen vollziehen: einmal in der horizontalen, regionalen, branchenmäßigen und arbeitsmarktlichen Gliederung und Verbreiterung der Erwerbsbevölkerung; zum anderen in einem vertikalen Trend, d. h. der Entwicklung zu immer größeren Einheiten, zu industriellen Riesenbetrieben, zum Großhandel, zur Großverwaltung und damit auch zum Großbüro. Ihre Problematik liegt nicht in der technischen und organisatorischen Gestaltung bzw. der Finanzierung und Rentabilität, sondern in der unproportionalen Dynamisierung des Technischen und Ökonomischen im Verhältnis zum Arbeitspotential und seinen Voraussetzungen. Während das wirtschaftliche Wachstum seit langem ein fester Bestandteil der ökonomischen Theorie ist, ist eine Lehre vom sozialen Wachstum bisher nur in Fragmenten vorhanden. Außerdem sind solche Theorien mehr gesellschaftspolitisch als soziologisch orientiert und deshalb nicht eigentlich eine Lehre des sozialen Wachstums.

Soziale Dynamik gehört zum Stil ausgereifter industrieller Sozialsysteme. Als Dynamik kann man mit R. F. Behrend [2] eine gesellschaftliche Lebensform bezeichnen, in der sozio-kulturelles Wachstum vorherrscht, und zwar langfristig über mehrere Generationen und vorwiegend in der Richtung auf Ausweitung der menschlichen Energien und der als lebenswichtig betrachteten gesellschaftlichen Beziehungskreise. Soziales Wachstum ist darum mehr als sozialer Wandel, denn in ihm finden sich nicht nur Mobilitätserscheinungen innerhalb einer gesellschaftlichen Einheit, sondern Richtung und Intensität sozialer Bewegungsvorgänge. Soziales Wachstum ist eine von dem Begriff des sozialen Wandels unabhängig definierbare dynamische Phase der Industrialisierung.

Wie bei der Differenzierung, so ist auch in der dynamischen Phase das soziologische Zentralproblem die Disproportionalität: die übermäßige Größe als Ursache wirtschaftlicher und sozialer Krisenerscheinungen. Durch die Größenentwicklung einzelner sozialer und kultureller Bereiche der industriellen Gesellschaft kann eine Disharmonie des industriellen Arbeits- und Berufssystems entstehen, durch die die Existenz von Einzelmenschen und Gruppen, ja ganzer Subsysteme gefährdet wird. Dafür gibt es eine Fülle von Beobachtungen aus dem Tagesgeschehen: z. B. die Ausschaltung ganzer Erwerbszweige oder von Einzelberufen durch übermäßige Verbreitung von Großbetrieben wie für den täglichen Bedarf durch Supermärkte und Kaufhäuser oder die Zunahme von Arbeitsunfällen in Relation zur Größe der Betriebe und zur Dichte der Arbeitsplätze. Während der soziale Wandel als eine Summe natürlicher Veränderungsvorgänge im Gesellschaftskörper verstanden wird, kann soziales Wachstum als eine Summe von Krankheitserscheinungen der Industrialisierung durch Überentwicklung gedeutet werden. Man könnte hier von „Sozialer Elefantiasis“ sprechen. Zutreffender wäre es, diese Folgen als „Dinosaurierkrankheit“ [53, S. 114] der modernen Gesellschaft zu bezeichnen, weil diese prähistorischen Übergrößen der Tierwelt an dem Mißverhältnis zwischen Größe und Nahrungsspielraum zugrundegegangen sind, also nicht durch ihre Feinde. Wenn eine Gesellschaft ihre kritische Größe erreicht hat, zeigt sich, daß ihre Existenznot und ihre Lebensenge stärker zunehmen als ihre Produktivität und ihre raumordnenden Mittel (siehe Umweltschutz).

Eine solche Gesellschaft ist gezwungen, immer größere Teile der Bevölkerung einzusetzen, um die Ordnung aufrechtzuerhalten, also für Verwaltung, Verkehr, Sicherheit, Versorgung. Das ist die tiefere Ursache für die Ausweitung des tertiären Sektors der privaten und die Ausdehnung des quartären Sektors der öffentlichen Dienste. Insofern ist das Wachsen des tertiären und quartären Sektors auf Kosten des primären und sekundären nicht nur eine Auswirkung der technischen und wirtschaftlichen Rationalisierung, sondern eine Folge der Überentwicklung industriegesellschaftlicher Sozialgebilde.

4.3.1.5 Zeitphasen der Grundprozesse

Zusammenfassend läßt sich für die Industrialisierung in Deutschland die Ursprungsphase der Entfaltung für die Zeit von 1830 bis 1860 annehmen, als der Import von Produktionsweisen, Arbeits-, Gebrauchs- und Gesellschaftsformen den Bruch mit dem herkömmlichen Leben einleitete. Der darauffolgende Zeitabschnitt von 1860 bis 1880 stand bereits unter dem Einfluß einer differenzierten Expansion, die von der Stahlindustrie ausging, sich auf die Weiterverarbeitung erstreckte und im Zusammenhang mit dem Ausbau des Eisenbahnnetzes zugleich die Öffnung der mehr oder weniger noch geschlossenen Dorf- und Stadtgesellschaften für die industrielle Welt bewirkte. Großbetrieblich und großstädtisch war diese Entwicklung erst in den Jahren 1880 bis 1930 und in dieser Zeit gestaltete sich das komplizierte und integrierte Industriesystem in Deutschland. Die dynamische Phase läßt sich erst für die Zeit nach dem Zweiten Weltkrieg nachweisen, also etwa 30 Jahre später als in der industriellen Entwicklung der Vereinigten Staaten.

4.3.2 Sozialer Wandel von Sektoren und Positionen der Arbeits- und Berufswelt

Das folgende Schaubild ist sowohl für die bisher behandelte retrospektive Analyse des gesamtgesellschaftlichen sozialen Wandels als auch für die damit verbundene prospektive Deutung der Beschäftigungsstruktur nach Sektoren aufschlußreich. Es deutet einerseits die Zeitphasen für die vier Abschnitte industrieller Entwicklung an, die wir zuvor von Entfaltung bis Dynamik unterschieden haben, andererseits wird damit die Verbreiterung des Dienstleistungssektors im Sinne der Lehre vom sozialen Wachstum für die Zukunft veranschaulicht. Die weitreichenden Konsequenzen für die künftige Entwicklung der

Arbeits- und Berufswelt sind daraus abzulesen: für den allgemeinen sozialen Wandel die Entwicklung zur Angestellten-

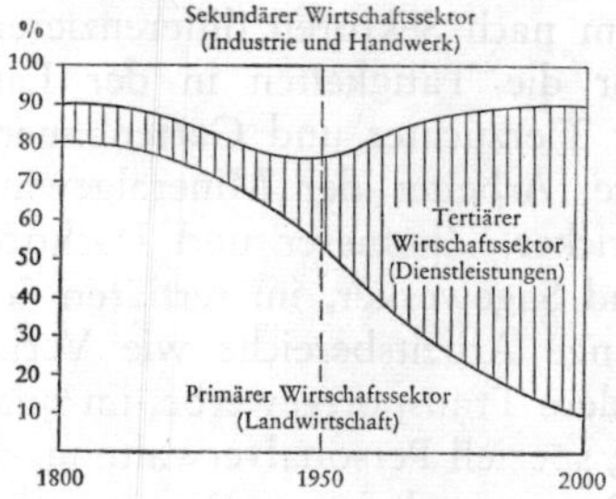

(53, S. 387)

gesellschaft, d. h. jener Arbeitspositionen, die in der gegenwärtigen Beschäftigungsstruktur etwa 40 % der Erwerbstätigkeit ausmachen, nach der Prognose aber 80 % um die Jahrtausendwende erreichen werden. Nimmt man diese Voraussage als eine statistisch nachweisbare Trendhypothese, so bedeutet sie für Arbeits- und Berufsuchende der Gegenwart eine Neuorientierung in Richtung auf Dienstleistungsfunktionen. Das betrifft sowohl den Absolventen der Hauptschule, der im Jahre 2000 mit 45 Jahren in der Mitte des Lebens steht, als auch den Abiturienten, der sich akademischen Berufen innerhalb dieser Sektoren zuwenden will. Diese sektorale Umstrukturierung ist also nicht nur für den allgemeinen sozialen Wandel der Arbeits- und Berufswelt, sondern auch für den personalen Wandel im Stadium der Entscheidungen für einzelne Tätigkeiten, Ausbildungswege und Positionen von Bedeutung.

Sektorale Strukturveränderungen lassen erwarten, daß innerhalb der einzelnen Sektoren traditionelle Erwerbstätigkeiten ausgeschaltet bzw. durch andere ersetzt werden. Diese Entwicklung zeigt sich in einem Vergleich von schrumpfenden und wachsenden Tätigkeitsbereichen. In einer Gegenüberstellung von Ergebnissen der Volks- und Berufszählungen von 1950 und 1961 [81, S. 248 ff.] finden sich dafür anschauliche Beispiele. Zu den regressiven Bereichen gehören z. B. solche, die jeder in seinem persönlichen Leben beobachten kann: hauswirtschaftliche Dienste, Bäcker, Schuhmacher, Sattler, Tischler, Polsterer und Dekorateure. Wenn wir diesen Schrumpfungsprozeß wiederum nach Sektoren differenzieren, so sind es im primären Sektor die Tätigkeiten in der Landwirtschaft, im Forstwesen, der Tierzüchter und Gartenbauer, im sekundären Sektor Bergleute, Arbeiter der Mineralgewinnung, Schmiede, Wirker und Stricker, Zimmerer und Dachdecker, Keramiker, Steinarbeiter und Sägewerker, im tertiären Sektor in sehr begrenztem Umfange Arbeitsbereiche wie Verladung, Schienenverkehr und andere Transportgewerbe, im quartären Aufgaben der Verwaltung, speziell Personalverwaltung, durch Einführung elektronischer Datenverarbeitung. Die vorstehende Aufzählung ist natürlich keine vollständige Nennung aller regressiven Tätigkeitsbereiche, sondern nur eine Auswahl von allgemeiner Bedeutung. Dabei ist der Dienstleistungssektor deshalb so gering vertreten, weil sich hier die intrasektorale Umstrukturierung am deutlichsten zeigt. Die stärkste Ausdehnung hat die Gruppe der Organisations-, Büro- und Verwaltungstätigkeiten sowie des kaufmännischen, des Bank- und Versicherungsbereiches erfahren. Als weitere Gruppe wachsender Beschäftigtenzahlen rangieren Gaststättengewerbe, Erziehung und Lehre, Sozialpflege und Gesundheitsdienst, Wissenschaft und Forschung. Um das sektorale Bild nicht allzu eindeutig wirken zu lassen, darf man nicht darüber hinwegsehen, daß bei dem hier behandelten Vergleich auch Positionen im sekundären Sektor expansive Tendenzen zeigen, z. B. Elektromaschinen- und Apparatebauer, Ingenieure, Techniker, Kunststoffverarbeiter, Maschinisten, Metallwerkzeugmacher. Durch eine derartig differenzierende Beobachtung von Arbeits- und Berufspositionen im sozialen Wandel wird die sektorale allgemeine Prognose zum Teil deutlich korrigiert. Es erscheint also erforderlich, eine Meßmethode zu entwickeln, mit der man den regressiven und progressiven Tendenzen in den einzelnen Tätigkeitsbereichen näher kommen kann. In einer vom Arbeitsministerium in London herausgegebenen Studie [45, S. 15] wird eine derartige Methode nach zwei Effekten angewandt: dem industry effect, der den Wandel von Beschäftigungsstrukturen innerhalb der einzelnen Sektoren betrifft, und dem occupation effect zur Messung von intersektoralen Umstrukturierungen.

Bei dem industry effect wird die Zahl der Erwerbspersonen in einem bestimmten Ausgangsjahr = 100 gesetzt und mit der hypothetischen Erwerbsstruktur verglichen. Daraus ergibt sich ein Index für fallende und steigende Entwicklungstendenzen in den Tätigkeitsgruppen. Der occupation effect nimmt als Ausgangsbasis die hypothetische Erwerbsstruktur, also im Zieljahr der Entwicklung, und läßt daran die tatsächliche Zahl der Erwerbstätigen in den einzelnen Bereichen messen, um daraus Größenordnungen für die Umstrukturierung innerhalb der Sektoren zu gewinnen. Bei einem Ausgangsjahr 1950 und Zieljahr 1961 können für einzelne von den oben angeführten Berufen folgende Meßzahlen ermittelt werden:

abnehmende Tätigkeitsbereiche 1950 = 100 →	1961	zunehmende Tätigkeitsbereiche 1950 = 100 →	1961
Schmied	58,1	Ingenieure, Techniker	132,1
Zimmerer und Dachdecker	82,0	Maschinisten	131,7
Tischler	82,2	Organisations-, Verwaltungs- und Bürotätigkeiten	125,9
Bergleute	84,3	Straßenverkehr	115,6
Sattler	89,4	Kunststoffverarbeiter	114,9
Wirker und Stricker	90,1	Chemiewerker	111,0

Diese intra- und intersektoralen Tendenzen des sozialen Wandels der Arbeits- und Berufswelt setzen sich über das Jahr 1961 fort, wie aus folgendem Zahlenvergleich der Erwerbstätigen nach Wirtschaftsbereichen hervorgeht:

	1960	1970
Land- und Forstwirtschaft, Tierhaltung und Fischerei	3 623 000	2 406 000
produzierendes Gewerbe	12 518 000	13 247 000
Handel und Verkehr	4 515 000	4 802 000
sonstige Dienstleistungsbereiche	5 591 000	6 749 000

[79, S. 124]. Neben diesen regressiven und progressiven Entwicklungen in der Arbeits- und Berufswelt ist auch eine

Konzentrationstendenz auf sogenannte Grundberufe zu beobachten. Sie ergibt sich aus den Bemühungen der verantwortlichen Instanzen und Betriebe, die expansive Spezialisierung und Differenzierung von Tätigkeiten und ihrer Bezeichnungen durch Grundlehrgänge und die Zusammenfassung von verwandten Tätigkeitsmerkmalen zu überwinden. Als Beispiel könnte hier der Schlosser dienen, dessen Ursprungsbereich sich in so viele Spezialfunktionen aufgegliedert hat, daß der Wechsel von einem Arbeitsplatz zum anderen dadurch erschwert wird.

Wenn wir angesichts dieser vielseitigen Umstrukturierungen nach den Prozeßarten des sozialen Wandels fragen, so können wir feststellen, daß hier ein Bereich für differenzierten Wandel angesprochen ist, in dem, wie wir gesehen haben, die einzelnen Tätigkeiten unterschiedliche Veränderungen durchlaufen. Je mehr die sektorale Gliederung in den Vordergrund tritt, desto linearer wird die Art des sozialen Wandels. Exogene Faktoren spielen dabei eine größere Rolle als endogene, wenn wir die Technik und die Technologie als Außenfaktoren einsetzen. Im übrigen haben Wandlungserscheinungen in den Arbeits- und Berufspositionen auch personale Wirkungen in der Veränderung der Stellung des einzelnen im Bezugsrahmen von Gesellschaft und Arbeit mit einem Strukturwandel von Rollen, Status und Prestige.

4.4 Arbeit und Beruf im technischen Fortschritt

Die Theorie vom sozialen Wandel war ursprünglich eine Einfaktortheorie. Nach Ogburn ist Schrittmacher des sozialen Wandels die Technik als eine unabhängige Größe der industriellen Entwicklung. Diese kausale Einseitigkeit wurde durch die Innovationsforschung für die Erklärung aller Mobilitätserscheinungen als nicht ausreichend erkannt. Neben den technischen können sozio-kulturelle, ökonomische und organisatorische Faktoren sowie spezifisches Schichten- und Konsumverhalten, schließlich aber auch die Änderung von Wertvorstellungen umstrukturierend wirken. Das gilt auch für die Arbeits- und Berufswelt. Trotzdem haben der technische Fortschritt, die

Einführung neuer Fertigungsverfahren, Rationalisierung und Automation ihren primären und weitreichenden Einfluß im Erwerbsleben behalten, nicht zuletzt durch die Verbreitung elektronischer Datenverarbeitung. Vor allem hat sich der Dienstleistungssektor in Büro und Verwaltung als ein besonders geeigneter Bereich für die administrative Automation erwiesen. Das bedeutet unter anderem, daß die Expansionsphase des tertiären und quartären Sektors zwar eine Endphase der Industrialisierung, aber nicht der technologischen Dynamik sein wird. Die Beziehungen zwischen Arbeit und Technik sind und bleiben ein soziologisches Problem von Rang.

4.4.1 Arbeit und Technik

Den Bezugsrahmen des Problems Arbeit und Technik kann das folgende dreidimensionale gegenläufige Kreislaufbild veranschaulichen:

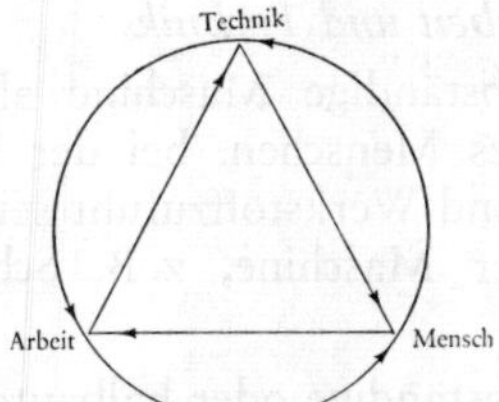

Im äußeren Kreislauf werden Arbeit und Arbeitsablauf als Funktion der Technik und ihrer Veränderungen gesehen. Der Mensch und die Sozialformen der Zusammenarbeit stehen unter dem Einfluß der technisierten Arbeit. Wenn z. B. von einer Entseelung der Arbeit durch die Technik gesprochen wird, so ist damit etwa gemeint, daß die Einführung des Fließbandes den Arbeitsvollzug monoton gestaltete und den Arbeiter nach einem Wort von Henry Ford veranlaßte, „seine Seele in der Garderobe abzugeben". Die Beziehung Mensch – Technik soll die entsprechende negative Reaktion auf technische Neuerungen andeuten. Im inneren Kreislauf kann diese Reaktion des arbeitenden Menschen zum Widerstand gegen technische Innovationen und zur Humanisierung des technischen Denkens führen, wie das Beispiel job rotation gezeigt hat. Bei der Einführung elektronisch gesteuerter Arbeitsprozesse haben sich in der ersten Phase der Automation solche Rückkopplungswirkungen nachweisen lassen. Diese haben in vielen Fällen zu einer neuen Unternehmenspolitik bei der Einführung elektronischer Datenverarbeitung beigetragen.

Sowohl in der gesamtgesellschaftlichen Diskussion über Technik und Kultur wie auch in der Konfrontation von Arbeit und Technik sind in der Sozialforschung mit oder ohne empirische Methoden zahlreiche Untersuchungen durchgeführt worden, die nicht selten zu sehr unterschiedlichen Schlußfolgerungen gelangten. Dafür mögen die folgenden Ergebnisse aus vier Forschungen als Beispiel dienen. Unter den Autoren ist an erster Stelle Georges Friedmann zu nennen, dessen Erkenntnisse sich auf einige Lehren und Thesen zusammenfassen lassen [18]:

Erstens: Die Lehre von den drei Stufen
des Verhältnisses Arbeit und Technik.

Stufe 1: Die unselbständige Maschine als werkzeugähnliche Organfortsetzung des Menschen, bei der Einstellung, Ingangsetzung, Steuerung und Werkstoffzufuhr seiner Hand bedürfen, also Arbeit mit der Maschine, z. B. Schweißer und Kranführer.

Stufe 2: Die halbselbständige oder halbautomatische Maschine, bei der dem Menschen nur noch teilweise Arbeitsvorgänge zu tun bleiben, d. h. Arbeit als Lückenbüßer der Technik. Beispiel: das Fließband, bei dem der Rhythmus der Arbeit vom Band und von der Maschine vorgeschrieben wird und die Arbeit davon abhängig ist. Diese Stufe ist allgemein als monoton und geistlos hingestellt worden.

Stufe 3: Die vollautomatisierte Maschine, bei der die Arbeit als Bedienung ausgeschaltet, aber als Bewachung eingeschaltet wird. Die Bewacherfunktion reicht von der Einstellung der Maschine bis zur Reparatur und umfaßt oft einen ganzen Komplex von aufeinandergeschalteten Einzelapparaturen. Beispiel: Transferstraßen wie in der Zylinderblockfertigung der Autoindustrie.

Zweitens: Schlußfolgerungen für die Beziehungen Arbeit und Maschine

zu Stufe 1: Sie ist handwerklich-technischer Art und läßt dem Menschen einen weiten Spielraum an Selbständigkeit und Gestaltung in der Produktion. Das Selbstbewußtsein eines solchen Industriearbeiters kann sich nicht sehr von dem eines Handwerkers oder Technikers oder Angestellten unterscheiden. Können hat hier noch etwas mit Kunst zu tun wie Handwerkskunst.

zu Stufe 2: Diese technizistische Ausrichtung läßt den Menschen zu einem anonymen Teil der Produktion werden, der keine Anteilnahme an der Arbeit und nur noch Entfremdung empfindet. Dieser innere Substanzverlust bedeutet endgültigen Verzicht auf Arbeit als Lebenswert.

zu Stufe 3: Aus diesem Dilemma kann die Automatisierung, also die vollautomatische Maschine einen Ausweg bringen und zugleich eine entscheidende Wandlung der Industriearbeit zur Vermenschlichung. Die Bewacherfunktion bildet zwar eine Verlagerung der Leistungsanforderungen vom Physischen auf das Psychische, also von körperlicher Arbeit auf Konzentrationsfähigkeit, hebt aber zugleich die unmittelbare Abhängigkeit des Menschen von der Maschine auf.

Diese Stufenlehre Friedmanns stellt einen Versuch dar, mit gewissen Beobachtungen, aber ohne empirische Untersuchungen eine Folge von instrumentalen Veränderungen und ihre Wirkungen auf das Verhältnis Arbeit und Technik zu systematisieren.

Wie genau derartige Beobachtungen und Aufzeichnungen von Arbeitsvollzügen gemacht werden müssen, läßt sich in aller Kürze an folgenden Richtlinien des zweiten Beispiels verdeutlichen [vgl. dazu 66, S. 217 ff.]: zu Arbeitsbeschreibungen gehören der genaue Bericht über einzelne Arbeitsvollzüge mit ihren technischen Bedingungen und ihrer Einordnung in den Produktionsprozeß, die Darstellung des Arbeitsablaufs einer technischen Anlage mit seinen Wirkungen auf die Zusammenarbeit und ihre Arten, schließlich eine Analyse der Situation einzelner Arbeitsplätze. Dazu werden folgende Interpretationen verlangt.

Im ersten Teil der Arbeitsbeschreibung sind allgemeine Informationen über die Arbeitsorganisation des Betriebsteiles, über den Produktionsprozeß mit seinen Anlagen und Materialerfordernissen sowie über die Funktionen der einzelnen Arbeitskräfte zu geben. Für die Erfassung der Bedingungen und Ziele der Arbeitsvollzüge sind erforderlich: die Beschreibung von Arbeitsraum und Arbeitsmitteln, des Ablaufs jeder einzelnen Arbeitsverrichtung, die zeitliche Ordnung der Arbeit nach Tempo und Pausen, die Störungen und unerwarteten Unterbrechungen und nicht zuletzt die Kommunikation zwischen den Beteiligten sowie soziale Kontakte, die sich aus der Arbeit ergeben. Ferner werden die Leistungsanforderungen der Arbeitsvollzüge an den einzelnen Arbeiter erfaßt, und zwar sowohl die physische Beanspruchung einschließlich der Umweltfaktoren (Hitze, Staub, Rauch usw.), als auch die psychische Beanspruchung durch wechselnde Intensität und Konzentration, aber auch durch Schichtwechsel (insbesondere Mittag- und Nachtschicht oder auch Sonntagsschicht) und die Unfallgefahren.

Alle derartigen Informationen und Beschreibungen werden dann mit dem Lohnsystem und seiner Beurteilung durch die Arbeiter selbst sowie mit Ausleseverfahren und Aufstiegschancen verglichen.

Der zweite Teil betrifft das Arbeitsgefüge, also die Zuordnung der beteiligten Personen zueinander durch den Arbeitsprozeß, ein arbeitssoziologisches Zentralproblem, wie es im ersten Teil durch die Erfassung von Kommunikationen und sozialen Kontakten bereits vorbereitet wurde. Dazu gehören wiederum folgende Aufgaben: die räumlichen Bedingungen für die Zusammenarbeit der Arbeitskräfte festzustellen und dabei die Chancen bzw. Notwendigkeiten der Zusammenarbeit zu beobachten, wobei der Bewegungsspielraum des einzelnen ein wichtiges Kriterium für seinen Rollenspielraum sein kann. Für die Art des Arbeitsgefüges ist die Feststellung der Zuordnung und wechselseitigen Abhängigkeit der Arbeitsvorgänge wichtig. Abhängigkeit kann sowohl bedeuten, daß zeitliche Diskrepanzen und damit Wartezeiten entstehen, als auch Drucksituationen durch nicht koordiniertes Arbeitstempo. Mit anderen Worten, das Funktionieren eines Arbeitsgefüges ist von räumlichen und

zeitlichen Bedingungen abhängig, die sowohl von den einzelnen wie auch von der Gesamtgruppe im Produktionsprozeß erfüllt werden müssen.
Der dritte Teil der Arbeitsbeschreibung befaßt sich mit der Arbeitssituation selbst, und zwar sowohl als objektiver Bezug als auch in der Reaktion und Beurteilung der Arbeitnehmer. Es gibt Situationen in allen Betrieben, in denen das räumliche und zeitliche Eingespieltsein aller Angehörigen einer Arbeitsgruppe nicht nur für das Ergebnis, sondern auch für die Verhütung von Unfällen Voraussetzung ist. Hier ist der Leistungsanspruch der Kooperation also nicht nur ein ökonomisches, sondern auch ein soziales Problem.

4.4.2 Kooperationsformen von Arbeit und Beruf

Zu diesen Beobachtungsrichtlinien können im Hinblick auf die Zusammenarbeit im Arbeitsprozeß drei Feststellungen getroffen werden:

1. Im Sinne des zuvor entwickelten Bezugsrahmens zwischen Technik, Arbeit und Mensch ist der von der Maschine bzw. dem Maschinenaggregat geforderte Arbeitsvollzug der kooperative Faktor, der auch den Rahmen der sozialen Kontakte bildet. Hier ist also Arbeit konkrete Kollektivleistung sowohl im betrieblichen Geschehen wie auch im Hand-in-Hand-Arbeiten. Sie ist sowohl horizontale wie vertikale Kooperation innerhalb der Arbeitsgruppen und in der Beziehung zur betrieblichen Hierarchie. In der horizontalen gilt die primäre Differenzierung der Arbeitsvorgänge, in der vertikalen die sekundäre Differenzierung. Als soziales System kann man von dieser Feststellung aus den Betrieb als ein Gefüge direkter und indirekter Kooperation definieren, das durch die Technik determiniert wird.
2. Bei der zweiten Feststellung können die Arten der Kooperation unterschieden werden. Darüber gibt es in der soziologischen Literatur schon seit Jahrzehnten mehr oder weniger eingehende Darstellungen, die sich um das Problem der kleinen Gruppe im Betrieb bemühen. In der hier skizzierten

Untersuchung [66] werden zwei Arten nachgewiesen: die teamartige und die gefügeartige Kooperation [vgl. dazu 40][3].

Die teamartige oder ablaufgebundene Zusammenarbeit stellt eine wechselseitige Abhängigkeit von Arbeitsplätzen dar, in die sich jedes Mitglied der Gruppe einfügen muß, also eine mannschaftsähnliche Kooperation wie beim Fußballteam. Dieses Aufeinanderangewiesensein bei der Erreichung eines gemeinsamen Zieles finden wir in allen Bereichen der Arbeits- und Berufswelt. Auch in der heutigen Forschungspraxis gibt es in fast allen Wissenschaften teamartige Formen der Zusammenarbeit. Der Präsident der Max-Planck-Gesellschaft, Prof. Dr. Butenandt, hat diese Form wissenschaftlicher Arbeit einmal ultimativ folgenderweise formuliert: „Die Zeiten der Alleingänger an den Steilhängen der Forschung sind vorbei, das Team, die Gruppe beherrscht die Forschung von heute."

Die gefügeartige Kooperation ist nicht ablauf- sondern anlagegebunden, d. h. durch technische Anlagen der Bearbeitung, Verformung und des Transports von Material bestimmt. Die Arbeitsplätze sind in einer genauen Reihenfolge angeordnet, die dem einzelnen wenig räumlichen und zeitlichen Spielraum läßt. Durch die technische Bedingtheit, die man nicht willkürlich verändern kann, herrscht strenge zeitliche Ordnung und Kontinuität im Ablauf der Funktionen. Naheliegendes Beispiel ist das Fließband, an dem die Zuordnung der Arbeitsplätze nach dem Ursprung bei Ford nur gefügeartig, nach moderneren arbeitswissenschaft-

[3] In dieser Studie sind Argumente gegen die Methode der Beobachtung von Arbeitsplätzen und die daraus gewonnene Typologie geltend gemacht worden. Die Möglichkeit derartiger arbeitssoziologischer Beobachtung wird mit dem Hinweis verneint, daß nur die Analyse der Gesamtheit der Arbeitsorganisation eine soziale und funktionale Einordnung wissenschaftlich vertretbar mache. Mit solchen Argumenten wird eine empirisch-soziologische Fundierung der Arbeitssoziologie in Frage gestellt, ohne dafür einen realitätsbezogenen methodischen Ersatz anzubieten. Sozialforschung ist auf induktive Verfahren angewiesen.

lichen Vorstellungen aber auch teamartig erfolgen kann (job rotation und job enlargement).

3. Die dritte Feststellung betrifft den allgemeinen Begriff des Arbeitsgefüges als einer Zuordnung von Arbeitsplätzen nach Zeit und Raum, die durch die Einheit eines technischen Prozesses konstituiert wird. In dieser Einheit können teamartige oder gefügeartige Kooperationen, aber auch Mischformen vorkommen. Ein Betrieb kann mehrere Arten von Arbeitsgefügen verschiedener Zusammensetzung enthalten. Wenn wir von hier aus auf die dritte Wirkungslinie des Bezugsrahmens Technik-Arbeit-Mensch zurückblicken, nämlich auf die Reaktionslinie des arbeitenden Menschen, so ist anzunehmen, daß die psychische und soziale Wirkung dieser verschiedenen Kooperationsformen sehr unterschiedlich sein kann, also der Grad der Arbeitsbereitschaft, der Arbeitszufriedenheit, vor allem aber auch die Integration oder Desintegration der Arbeitsgruppen.

Der Einfluß der Technik auf die Kooperationsformen der Arbeit ist also ein soziales Phänomen, das nur durch detaillierte und langfristige Beobachtung deskriptiv erfaßt und analytisch gedeutet werden kann. Spekulative Ableitungen, etwa aus dem allgemeinen kooperativen Wesen des Industriebetriebes, können zu irrealen und unwissenschaftlichen Schlußfolgerungen führen. Im übrigen mag als Ergebnis für das allgemeine Problem Mensch und Technik festgehalten werden, daß industrielle Arbeit mehr kollegiale und kooperative Arbeitsformen geschaffen hat, als alle vorindustriellen Arbeits- und Berufstätigkeiten zusammen. Sie ist ihrem Wesen nach auf Kooperation angelegt.

4.4.3 Arbeiter und technischer Fortschritt

Die dritte Untersuchung „Arbeiter und technischer Fortschritt" [58] hatte folgende Ausgangsthese: Wenn alle organisatorischen und technischen Voraussetzungen einer Produktivitätssteigerung optimal erfüllt sind, dann ist die Einstellung der Arbeiter zu technischen Neuerungen im Betrieb dafür entscheidend, daß der erwartete Erfolg eintritt. Hauptgesichtspunkt der technischen Neuerungen war die Automatisierung.

Die Beobachtung in dieser Untersuchung erstreckte sich auf eine sehr genaue Registrierung der Grundvorgänge an einzelnen Arbeitsplätzen, vornehmlich an spanabhebenden Maschinen (Drehbänke, Fräsmaschinen usw.), und auf die durch den Übergang zu Transferstraßen, also ein Schaltsystem der Produktionsvorgänge, entstehenden Veränderungen und Folgen für die Arbeit. Dabei wurden die Arten der Anforderungselemente nach der traditionellen und automatisierten Technik systematisch erfaßt. Der zweite Teil konzentrierte sich mit dem Instrument der Befragung auf die Reaktion der Arbeiter gegenüber technischen Neuerungen, also am Arbeitsplatz, und auf die allgemeine Beurteilung der Beziehungen zwischen technischen Neuerungen und technischem Fortschritt. In dieser Untersuchung stand die unmittelbare Beziehung zwischen Mensch und Maschine im Vordergrund, deren Erfahrungen und Erlebnisse auf ihre formenden Wirkungen analysiert wurden. Es handelt sich hier also um einen anderen arbeitssoziologischen Aspekt als in der vorgenannten Untersuchung, weil dort die sozialformenden Auswirkungen technisch-organisatorischer Arbeitsverfahren erforscht und in einem System sowie typologisch ausgewertet wurden. In dieser Untersuchung dreht es sich mehr um die individualformenden Kräfte technischer Neuerungen mit ihren überindividuellen Wertordnungskonsequenzen. Das Ergebnis kann und soll hier nur teilweise in folgenden Thesen zusammengefaßt werden:

1. Das Charakteristikum aller technischen Neuerungen ist die Steigerung des Intensitätsgrades der Produktivität durch Einschränkung von Handzeit zugunsten der Maschinenzeit. Damit sind sowohl Erleichterungen wie Erschwerungen und Belastungen für die Bedienung verbunden (Erleichterungen durch automatisierte Arbeitsvorgänge, Transporteinrichtungen und Kontrolle, Erschwerungen durch erhöhtes Tempo mit einer Verlagerung der Anforderungselemente von der Hand- auf die Kopfarbeit und daraus folgender geistig nervöser Belastung).
2. Diese Arbeitserleichterungen bzw. -erschwerungen ergaben sowohl positive Kompensationen im Reaktionsfeld der Betroffenen, also eine Zustimmung zur technischen Neuerung,

als auch negative, d. h. ihre Ablehnung. Bei dieser war der Einfluß außertechnischer Motivationen wichtig, z. B. unzureichende Informationen über Planung, Zeitpunkt und Umfang solcher Neuerungen, unzureichende Einführung in die Bedienung der neuen Maschinen, nicht adäquate materielle Beteiligung an den Ergebnissen der Produktivitätssteigerung und qualitativ höhere Anforderungen an die Arbeitsaufgaben.

3. Positive Motivationen der Einstellung der Arbeiter zum technischen Fortschritt im allgemeinen hatten folgende Ursachen: Arbeitszeitverkürzungen (das Mehr an Freizeit entwickelt sich parallel zum Mehr an technischem Fortschritt), Erhöhung des Lebensstandards „durch Kreislaufimpulse der Technik" (technischer Fortschritt macht sich bezahlt, auch für den Arbeiter, so lautet eine häufige Antwort), Verringerung der Unfallgefahr, kurzum, die Technik ist an sich gut. Es kommt ganz darauf an, was der Mensch daraus macht.
4. Hauptergebnis der positiven und negativen Motivationen waren zwei kontrastierende Reaktionsweisen: In der einen stehen sich Bejahung des technischen Fortschrittes und unerfüllte Erwartungen als Ursachen eines Mißtrauens gegenüber, in der anderen der Glaube an den technischen Fortschritt und die soziale Unsicherheit wie Wirtschaftskrisen und Arbeitslosigkeit.
5. Hintergrund der positiven und negativen Reaktionen sind die Arbeits-, Betriebs- und Lebenserfahrungen, z. B. die Sorge, daß „der Mensch nicht mehr mitkommt", und zwar infolge höherer Leistungsansprüche und damit einer Gefährdung des beruflichen Status. Auf der anderen Seite steht das Leitbild des modernen Menschen, für den der technische Fortschritt zum Leben gehört. Die Skala der Reaktion reicht somit von der Resignation über den Stolz, dabei zu sein, bis zur Begeisterung. Da die Ursachen der Resignation nicht endogener, sondern exogener Natur sind und sowohl in der Art der Betriebsführung als auch im öffentlichen Bewußtsein liegen, kann die Lösung des Problems Arbeit und technischer Fortschritt nur im Bereiche der nicht-technischen Einflußfaktoren gefunden werden.

Da wir bisher nur von Situationen und Reaktionen der Arbeiter gesprochen haben, sei der Hinweis gestattet, daß Untersuchungen über Erfahrungen und Urteile von Angestellten ähnliche Breiten im Reaktionsspielraum gegenüber der Einführung technischer Neuerungen, vor allem der Büroautomation, ergeben haben. Wir können daraus den Schluß ziehen, daß der subjektive Bezug von Arbeitnehmern zur Technik unmittelbar, d. h. am Arbeitsplatz selbst, positiven Trend zeigt, der mittelbare, also die betrieblichen und gesamtgesellschaftlichen Auswirkungen, dagegen einen negativen Trend.

In einem vierten groß angelegten Forschungsprojekt hat das Rationalisierungskuratorium der deutschen Wirtschaft e. V. (RKW) in der Reihe „Wirtschaftliche und soziale Aspekte des technischen Wandels in der Bundesrepublik Deutschland" auch das Thema Industriearbeit und Arbeiterbewußtsein untersuchen lassen und veröffentlicht [34, S. 63 ff.]. Die Methoden Beobachtung und Befragung entsprechen dem Vorgehen in den bisher genannten Untersuchungen zum Thema Arbeit und Technik. In der Analyse wurden folgende fünf Gruppen von Arbeitsfunktionen typologisch ermittelt: Kontrollfunktionen, direkt produktive, mittelbar produktive, unproduktive und soziale Funktionen. Die letzteren betreffen die Interaktionen und Kontaktfelder zwischen den am Arbeitsprozeß Beteiligten und erscheinen deshalb arbeitssoziologisch von besonderem Interesse. Darüber hinaus wurden Typen von Handlungssituationen am Zustand der Produktionsmittel unterschieden in der Produktion, beim Instandhaltungsstillstand, Störungsstillstand sowie beim Abstellen und Anlaufen der Produktion. Dieses Kategoriensystem war für die Einordnung der beobachteten Arbeitsplätze maßgebend. Danach wurden Arbeitsplatz- und Funktionsbeschreibungen sowie Organisations- und Anlagebeschreibungen angefertigt.

In der Befragung wurden zwei Problemkomplexe angesprochen: einmal das Urteil der befragten Industriearbeiter über ihre Tätigkeit und deren Veränderungen durch technische Neuerungen, zum anderen allgemeine Vorstellungen zum technischen Fortschritt und Erwartungen im Hinblick auf die Automation. Die Ergebnisse lassen sich in folgenden Thesen zusammenfassen:

1. Technischer Fortschritt ist im Bewußtsein der Arbeiter gleichbedeutend mit dem Wandel von Arbeitsbelastungen, insbesondere dem Abbau schwerer körperlicher Arbeit. Für einen Teil von ihnen ist dieser Abbau mit einer Belastungsverlagerung auf intellektuelle und fachliche Anforderungen verbunden.
2. Technischer Fortschritt führt für die eine Gruppe zur Dequalifizierung von Arbeitstätigkeiten, indem die Arbeitsplätze möglichst „narrensicher" gestaltet werden, um potentielles menschliches Fehlverhalten bei der Bedienung auszuschalten. Im Zuge der Automation geht im arbeitsteiligen System der Industriebetriebe die fachliche und intellektuelle Beanspruchung auf Techniker und Ingenieure über. Eine andere Gruppe erwartet eine Requalifizierung der Industriearbeit, also eine zunehmende Anforderung an systematisches Wissen und Können wegen der Kompliziertheit der Maschinen und Aggregate.
3. Die Autonomie am Arbeitsplatz wird nach Meinung der Befragten vom technischen Fortschritt wenig tangiert. Dieses Majoritätsurteil wird nach zwei Seiten hin von anderen korrigiert. Die einen sehen die Eigenständigkeit der Industriearbeit durch technische Neuerungen, insbesondere die Automation, gefährdet, weil alles vorprogrammiert ist. Die anderen erwarten aus technischen Neuerungen qualitativ höherstehende Spezialfunktionen, die dem Positionsniveau des Technikers oder Ingenieurs entsprechen, also eine Art „Expertenrolle als Praktiker".
4. Technischer Fortschritt bedeutet für die meisten Befragten eine weitergehende Reduktion der Arbeitszeit und eine Verbesserung der allgemeinen Lebensbedingungen. Bezüglich der Arbeitsplatzsicherheit und des Vorwärtskommens bestehen bei der Mehrheit keine Bedenken.
5. Die Grundhaltung einer qualifizierten Mehrheit der befragten Arbeiter ist optimistisch. Technischer Wandel wird für die Arbeit durch Erleichterung und Verbesserung der Arbeitssituation einen Fortschritt bringen, deshalb werden

Hochmechanisierung und Automation begrüßt. Es besteht also keine ausgeprägte Furcht der Arbeiter vor dem technischen Fortschritt, weder angesichts der innerbetrieblichen technischen Entwicklung noch im Hinblick auf die allgemeinen Lebensbedingungen.

Diese sehr kurz gefaßten Hauptergebnisse der RKW-Untersuchungen stimmen in ihrem positiven Majoritätstrend mit den anderen überein, mit zwei wichtigen Ausnahmen: Die eine betrifft die Beziehung zu gesamtgesellschaftlichen Faktoren und Perspektiven, die bei dem Thema „Arbeiter und technischer Fortschritt" gerade den negativen Trend beeinflußten. In der RKW-Untersuchung wird unter den Implikationen des technischen Fortschritts ein Zusammenhang mit Fragen des gesamtgesellschaftlichen sozialen Wandels bei den Befragten nicht festgestellt, da sie nur an unmittelbaren Arbeits- und Lebenssituationen interessiert sind. Das heißt also „Konsequenzen für die allgemeine gesellschaftliche Entwicklung bleiben bei einer Reflektion ... weitgehend ausgespart". Die andere Ausnahme bezieht sich auf die Interpretation des geringen Anteils an negativen Einstellungen zum technischen Fortschritt. Sie wird auf eine „kurzsichtige und arglose Denkweise der Arbeiter, ihre Unfähigkeit, die Komplexität der Thematik zu erfassen, zurückgeführt". Mit einem solchen Kommentar kann man die quantifizierenden Methoden der empirischen Sozialforschung völlig entwerten, denn ein solches Mehrheitsvotum bleibt ein positiver Trend, gegen den Begriffe wie „Unfähigkeit" und „arglose Denkweise" nicht nur degradierend, sondern auch unwissenschaftlich wirken.

4.4.4 Arbeit und Leistung

4.4.4.1 Zum Begriff der Leistung

Der Begriff der Leistung ist primär ein ökonomisches Sujet, das in der Geschichte der industriellen Arbeit lange Zeit isoliert, d. h. unabhängig von sozialen Begleiterscheinungen und Folgen gesehen worden ist. Als Prototyp ökonomischer Einseitigkeit ist das sogenannte Taylor-System seit Jahrzehnten beurteilt und je nach dem Standpunkt des Urteilenden begrüßt oder verworfen worden. Mit diesem Meinungsbild müssen wir uns auseinandersetzen. Doch zunächst einige Bemerkungen zum Leistungsbegriff.

Der Begriff der Leistung erfährt eine vielseitige Deutung je nach der Arbeitssituation, auf die er sich bezieht. Man spricht von Arbeitsleistung innerhalb der industrialisierten Arbeitswelt, von wissenschaftlicher, sportlicher, künstlerischer Leistung. Dabei handelt es sich um zwei verschiedene Vorstellungen: einmal Leistung als Bezeichnung für eine Tätigkeit, und zum anderen für ein Tätigkeitsergebnis. Leistung kann sowohl Mengen- als auch Wertbegriff sein, in der Arbeitsleistung im Betrieb nach dem Maßstab der Menge oder des Wertes ihres Ergebnisses. Demnach kann die Bemessung der Leistung sowohl nach quantitativen wie qualitativen Maßstäben erfolgen, also nach Merkmalen der Anforderungsarten, die an Körper, Geist oder Verantwortung gestellt werden. Diese Kriterien beziehen sich aber nur auf die Leistung des einzelnen: Darüber hinaus wird der soziale Charakter des Leistungsbegriffs in der Tätigkeit mit anderen, für andere und an anderen in der soziologischen Literatur immer mehr in den Vordergrund gestellt. Diese Erweiterung ergibt sich schon aus dem kooperativen Stil der modernen Gesellschaft, der, wie wir gesehen haben, nicht nur die Industriearbeit, sondern auch andere Leistungsbereiche bis hin zur Forschung betrifft. Für den Soziologen hat der Leistungsbegriff also zwei Deutungen: als Individual- und als Sozialphänomen. Aus diesem Grunde hat das Thema Arbeit und soziale Umwelt für die Leistung als soziologisches Problem besonderes Gewicht. Trotz dieser sozialen Komponente ist der Leistungsbegriff in der neueren soziologischen Literatur zu einem Thema grundsätzlicher Kritik geworden, und zwar aufgrund eines normativen Charakters in Verbindung mit dem Modellbegriff Leistungsgesellschaft. Er bezieht sich einerseits auf Leistung um ihrer selbst willen als Wertmuster des Sozialsystems und andererseits auf Leistung im Büro und Betrieb, also im Zentrum industriegesellschaftlicher Arbeits- und Berufswelt. In beiden Versionen wird diese Leitvorstellung in allen Lebensphasen, in der Erziehung und Schule, in der beruflichen Ausbildung einschließlich Lehrzeit, mit strenger Zielorientierung aber vor allem in unserem Wirtschaftsleben vertreten. Der Leistungsgedanke erhält hier eine Art von Absolutheitsanspruch als Fundament für die Existenz und Entwicklung der modernen Gesellschaft mit ihren besonderen Aspirationen der Erhöhung des Lebensstandards und der Vollbeschäftigung. Diese Leistung um ihrer selbst willen als Prinzip ökonomischer und sozialer Ordnung wird einerseits ihrer einseitig arbeits- und berufsbezogenen Bedeutung immer mehr entzogen, zum anderen immer mehr relativiert. Mit zunehmender Problemorientierung des allgemeinen Bewußtseins wird die Frage nach dem „warum und wozu geleistet werden soll" immer brennender. Die Wachstumssucht des allgemeinwirtschaftlichen und betriebswirtschaftlichen Denkens, die sich ständig an der Zunahme des Sozialprodukts, der Unternehmergewinne, der Erhöhung der Dividenden und der Löhne und Gehälter orientiert, wird mehr und mehr als das empfunden, was sie mit anderen Suchtgefahren gemeinsam hat. Das trifft vor allem für diejenigen Bevölkerungskreise zu, für die das Leistungsprinzip im Dienste anderer und nicht zum eigenen Vorteil verfolgt wird. Deshalb bezeichnet Offe die Leistungsgesellschaft als „Fremdkörper in der soziologischen Terminologie", weil Leistungsgesellschaft „ein zur Norm erhobenes und vielfältig institutionalisiertes Modell der sozialen Prozesse" ist [60, S. 42]. Er erinnert dabei an eine Deutung von H.Kluth, daß in „Industriegesellschaften die Leistung keineswegs nur noch regulativ und Verteilungsnorm der gesellschaftlichen Arbeit ist, sondern mehr und mehr zum regulierenden Prinzip und Wert aller Lebensbereiche wird, ... zu einer allgemeinverbindlichen Wertkategorie der Gesellschaft" [60, S. 43]. Man hat insbesondere dem Taylor-System vorgeworfen, ein mechanistisches Leistungsprinzip als ein soziales Leitbild und Statuskriterium proklamiert zu haben, um dadurch die wirtschaftliche und soziale Ungleichheit der Arbeits-, Berufs- und Lebenssituationen zu legitimieren. Deshalb erscheint es notwendig, sich mit dieser Kritik zu befassen.

4.4.4.2 Das sogenannte Taylor-System

Die kürzeste Fassung des Taylor-Systems lautet: Kraftaufwand und Arbeitsleistung (Gewicht und Bewegung) in ein optimales

Verhältnis zu bringen, einmal im Sinne des ökonomischen Prinzips, zum anderen zur Entlastung des Menschen von unnötigem Kraftaufwand. Frederic W. Taylor, der Vater der „wissenschaftlichen Betriebsführung" [82], hat die Erreichbarkeit dieses Zieles an seinem Musterarbeiter Smith in der praktischen Handhabung von Werkzeugen nachgewiesen. In Zusammenarbeit mit seinem Mitarbeiter Gilbreth entstand daraus ein System der Zeit- und Bewegungsstudien. Viele heutige Leistungssysteme lassen sich auf dieses System zurückführen, das schließlich in der Auseinandersetzung zwischen Arbeitgebern und Gewerkschaften und in der Öffentlichkeit die Bezeichnung „Taylorismus" erhielt. Dieser Ismus ist wie die meisten Ismen zu einer Art Ideologie geworden, und wie die meisten Ideologien sowohl positiv wie negativ aufgenommen worden.

Die Zeit- und Bewegungsstudien, die auf dem Wege über Leistungsprüfungen mit Hilfe der Stoppuhr als Grundlage von Akkordfestsetzungen am meisten zu der Ausbeutungsideologie des Taylor-Systems beigetragen haben, sind bei näherer Kenntnis der Vorstellungen von Frederic W. Taylor gar nicht als so ausbeuterisch und menschenunwürdig zu erkennen. Denn es werden nicht nur überflüssige, d. h. belastende Bewegungen bei den verschiedenen Arbeitsverfahren ausgeschaltet, sondern auch Erholungszuschläge, Ersatzleistungen für unvermeidliche Betriebsstörungen sowie Zuschläge für technische Neuerungen eingeplant. Vieles, was heute bezüglich der Normierung von Arbeitsgeräten, der bequemen Ausstattung für die Bedienung von Maschinen und anderen arbeitsphysiologischen und arbeitstechnischen Maßnahmen als selbstverständlich gilt, ist den mit aller Gründlichkeit durchgeführten Studien von Taylor und Gilbreth zu verdanken.

Darüber hinaus sind soziale Komponenten in der Taylor'schen Auffassung von wissenschaftlicher Betriebsführung für den einzelnen Arbeitsplatz, für die Ordnung seiner sozialen Umwelt und nicht zuletzt für eine arbeitnehmerorientierte, technische und organisatorische Gestaltung des Gesamtbetriebes enthalten. Zum Beispiel sieht Taylor es als eine Aufgabe der Betriebsleitung an, eine weitgehende Selbstbestimmung des Arbeitsplatzes zu erreichen und den Arbeitnehmer so häufig wechseln zu lassen, bis er an der richtigen Stelle eingesetzt ist. Dieses Recht zur Selbstbestimmung ist in Deutschland erst jetzt in der bundesdeutschen neuen Fassung zum Betriebsverfassungsgesetz legalisiert worden [4, S. 433 ff.][4]. Zur Ordnung der Umwelt des Arbeitsplatzes, insbesondere in der vertikalen Richtung, hat Taylor ein besonderes Funktionalsystem entwickelt, das von dem Arbeitsbüro als Planungsabteilung (in modernen Betrieben heute eine Selbstverständlichkeit) über den Unterweisungsmeister, der für die individuelle Einschulung und Beratung am Arbeitsplatz zuständig ist, den speed boss, der für die optimale Geschwindigkeit der Maschinen verantwortlich ist, über die Qualitätsprüfung und Instandhaltung bis zum Funktionsmeister für Arbeitsdisziplin zum Schutze der Arbeiter gegen ungerechte Behandlung reicht. Taylor wollte dadurch anstelle des in der damaligen Industrie üblichen Befehlssystems mit strengen Kompetenzen ein funktionales Beratungssystem einführen. Diese pluralistische Kompetenz am einzelnen Arbeitsplatz ist bis heute als ein besonderer Fehler des Funktionalsystems herausgestellt worden, weil sie die hierarchische Ordnung des Industriebetriebes stört. Zweifellos scheiden sich an diesem Punkte die Geister: Entweder ist die Betriebsführung auf einem Herrschaftssystem aufgebaut, in dem wenige befehlen und viele zu gehorchen haben (wie einige Soziologen, z. B. Bendix, Dahrendorf, Schelsky, meinen), oder es ist ein kooperatives System, in dem es zwar unterschiedliche Rollenstrukturen

[4] Nach § 90 hat der Betriebsrat das Recht, über die Planung von technischen Anlagen, Arbeitsverfahren, Arbeitsabläufen und der Arbeitsplätze rechtzeitig unterrichtet zu werden. „Arbeitgeber und Betriebsrat sollen dabei die gesicherten arbeitswissenschaftlichen Erkenntnisse über die menschengerechte Gestaltung der Arbeit berücksichtigen." Nach § 91 kann der Betriebsrat Maßnahmen zur Abwendung, Milderung oder zum Ausgleich der Belastung verlangen. Nach den §§ 81 und 82 hat auch der einzelne Arbeitnehmer das Recht, über die Art seiner Tätigkeit und ihre Einordnung in den Arbeitsablauf des Betriebes unterrichtet zu werden und Vorschläge für die Gestaltung des Arbeitsplatzes und des Arbeitsablaufs zu machen. Das gleiche gilt für die Beurteilung seiner Leistungen, die Berechnung seines Arbeitsentgelts und die berufliche Entwicklung im Betrieb.

und Verhaltenserwartungen auf verschiedenen Autoritätsebenen gibt, aber keine autoritäre Ordnung.

Für die organisatorische Gestaltung des Gesamtbetriebes hat Taylor fünf Grundsätze der wissenschaftlichen Betriebsführung formuliert [82, S. 5 ff.], die für die Unternehmer- und Arbeitgebermentalität seiner Zeit als revolutionär angesehen werden können und die wir in der Ausdrucksweise moderner Betriebsgestaltung ergänzen.

1. Die Leiter einer Unternehmung sollen feste Regeln entwickeln, nach denen die Produktion reibungslos ablaufen kann. Diese Regeln sind nach den Prinzipien der Wissenschaft zu ermitteln und haben an die Stelle der „Faustregelmethode“ zu treten, bei der der Vorgesetzte nach Gutdünken ohne Berücksichtigung der Gesamtzusammenhänge in der Unternehmung Entscheidungen trifft.
   Wir würden diesen Grundsatz als normatives Handlungssystem anstelle von Willkürsystem bezeichnen.
2. Aufgrund einer exakten Personalauslese sollen geeignete Kräfte ausgewählt werden, die in ihrer Arbeit von Sachverständigen des Betriebes zu unterweisen und laufend fortzubilden sind (Auslese- und Ausbildungsprinzip).
3. Zwischen Arbeitgebern und Arbeitnehmern soll in den Betrieben ein gutes Einvernehmen als Voraussetzung für eine ersprießliche Zusammenarbeit realisiert werden (human-relations-Prinzip).
4. Das Ergebnis der Betriebstätigkeit ist zwischen den beiden Gruppen gerecht zu verteilen (Gewinnbeteiligungsprinzip).
5. Arbeit und Verantwortung sollen gleichermaßen von der Unternehmensleitung und der Arbeiterschaft getragen werden. Die Leitung hat vornehmlich die Planung, die Arbeiter haben die ausführende Tätigkeit zu übernehmen (Mitverantwortungs- und Mitbestimmungsprinzip).

Zusammengefaßt kann die wissenschaftliche Betriebsführung nach Taylors Auffassung als eine Kunstlehre verstanden werden, deren Kern die Gestaltung der Beziehungen zwischen Arbeitgebern und Arbeitnehmern bildet. Diese Aufgabe, die heute unter dem Begriff Industrial Relations weltweite Bedeutung und Beachtung erlangt hat, stellt den Versuch dar, das Sozialsystem industrieller Betrieb nach Grundsätzen der Humanisierung zu organisieren.

Trotz der vielen sozialen Komponenten ist Taylor immer wieder der Vorwurf gemacht worden, daß sein System nur Gewinnmaximierung auf Kosten der menschlichen Leistung sei, also ohne sozialen Gehalt. Sein Instrumentarium: Zeitstudien, Bewegungsstudien, Akkordfestsetzung mit der Stoppuhr, bedeutet nach dieser Kritik Leistungsüberforderung, Lohndrückerei, Akkordschere usw. Wenn diese Vorwürfe das gesamte System erfaßt hätten und berechtigt wären, hätte die Lehre Frederic W. Taylors nicht diese weltweite Bedeutung als „scientific management" und die Wirkung einer „mental revolution", d. h. einer geistigen Bewegung im Führungsstil des Industriebetriebes erreichen können. Wer nur diese Seite von Lohn und Leistung im Taylor-System sieht, macht sich zumindest der Einseitigkeit und Unvollständigkeit schuldig, und damit einer ideologischen Kurzsichtigkeit. Wer sich einmal die Mühe macht, die Lebensleistung von Taylor zu verfolgen, die von einer Serie von technischen und anderen Erfindungen zur Verbesserung des Lebens bis zu hervorragenden Leistungen auf kulturellem und sportlichem Gebiete reicht, der kann nur zu dem Schluß kommen, daß ein Mann mit einem derart umfassenden Wissen und einer so breit angelegten Aktivität in seinem Hauptinteressenbereich nicht kleinkariert gedacht haben kann. Das Stevens-Institut an der Technischen Hochschule, die unmittelbar gegenüber den Wolkenkratzern von New York am Ufer des Hudson liegt, enthält ein Taylor-Museum, das diese Vielseitigkeit und Intensität sehr eindrucksvoll dokumentiert. Die Literatur über den Menschen Taylor und seine nichttechnischen Innovationen ist in Europa sehr gering vertreten und weitgehend unbekannt, um so mehr aber die kritischen Veröffentlichungen [vgl. dazu 21].

4.4.4.3 Leistungssysteme der Gegenwart in soziologischer Perspektive

Moderne Leistungssysteme [60; 24; 14; Genfer System] werden normalerweise unter dem Begriff der analytischen Arbeitsbewertung entwickelt, bei der man vier Hauptstufen unterscheiden kann:

1. Feststellung der Arbeitsarten und ihrer Bezeichnungen,
2. Analyse und Beschreibung,
3. Einschätzung und Einstufung der Arbeitsarten,
4. Einstufung der Arbeitsplätze in die Leistungskategorien nach dem Bewertungssystem.

Die erste Stufe erstrebt die Aufstellung eines Katalogs der Arbeitsarten, die entweder Einzel- oder Gruppenarbeitsplätze betreffen können. Es kommt also immer darauf an, gleiche Aufgaben mit den gleichen Methoden und Maßstäben zu erfassen bzw. die Unterschiede zwischen den Arbeitsverrichtungen an verschiedenen Arbeitsplätzen festzustellen. Die Arbeitsbewertung ist also in ihrer ersten Stufe nicht auf den Arbeiter, sondern auf die spezifischen Arbeitsvorgänge ausgerichtet, die entweder an einem einzelnen Arbeitsplatz oder an mehreren Arbeitsplätzen in gleicher Weise vorkommen, z. B. werden Arbeitsaufgaben an völlig gleichen Maschinen höchstens darin unterschieden, ob sie nur aus der Bedienung der Maschine oder auch aus zusätzlichen Arbeiten wie Montieren und Reparieren bestehen.

Die zweite Stufe hat eine sorgfältige Untersuchung der Leistungsnormen der einzelnen Arbeitsart vorzunehmen und damit die Anforderungselemente zu ermitteln, wie in der oben dargestellten Veröffentlichung „Arbeiter und technischer Fortschritt" [58] angegeben wurde. Diese Arbeitsplatzbeschreibung betrifft also sowohl die Maschinen und Geräte, mit denen gearbeitet wird, als auch die durchzuführenden Handgriffe, die geistigen Anforderungen und das zur Verwendung kommende Material. Sie kann nur das Ergebnis einer längeren Beobachtung des einzelnen Arbeitsplatzes sein.

Die dritte Stufe ist die eigentliche Arbeitsbewertung, also die Feststellung der Unterschiede zwischen den verschiedenen Arbeitsplätzen und ihre Einstufung in Kategorien und Klassen. Dieser Prozeß ist vergleichbar mit einer Verschlüsselung, weil den einzelnen physischen und geistigen Ansprüchen an jedem

Arbeitsplatz ein bestimmter Punktwert zugesprochen werden muß, und zwar quantitativ unter Berücksichtigung der Qualitätsmerkmale. Gleich hohe Bewertungszahlen für verschiedene Arbeitsplätze bedeuten in summa eine gleichhohe Lohnzahlung.

Die vierte Stufe stellt als Folge der zuvor genannten Verschlüsselung die „Kodifizierung“ der Arbeitsplätze dar, in der Arbeitsplatzbeschreibungen, Arbeitsleistungskomponenten und Klassenzugehörigkeit nach dem Punktsystem geordnet werden. Dabei werden z. B. folgende Bewertungskriterien angewandt: Geschicklichkeit, Handfertigkeit, Verantwortung für Material und Gerät, Aufwand an Körperkraft, Arbeitsbedingungen und Gefährdungsgrad, Ausbildung und Intelligenzaufwand.

Diese allgemeinen Merkmale werden dann nach Dauer der Tätigkeit, Ausführungsgrad und Energieaufwand im einzelnen beurteilt, z. B. die Handfertigkeit und Geschicklichkeit nach Monaten und Jahren (3 Monate – 15 Punkte; 1 Jahr – 150 Punkte; 2 Jahre – 220 Punkte; und die Höchstzahl sind 400 Punkte für 9 Jahre). Bei der Bewertung von Verantwortung für Material und Gerät gibt es fünf Grade mit einer Punktzahl, die zwischen 20 und 100 liegt. Diese Unterscheidung nach fünf Graden wird auch bei den anderen Arbeitsplatzkriterien angewandt, wobei es Einzelprozesse sind, die in summa den Grad bestimmen, z. B. wird der Aufwand an Körperkraft nicht nur nach der Muskelanstrengung, sondern nach Körperstellung und Tätigkeitsart beurteilt, etwa folgendermaßen: abwechselndes Sitzen, Gehen und Stehen, oder ununterbrochenes Sitzen, Stehen oder Gehen, häufige oder fortgesetzte schwierige Körperstellung mit leichtem oder schwerem Material usw. Auch bei den Arbeitsbedingungen werden nur solche Faktoren berücksichtigt, die den Raum betreffen, etwa Sauberkeit oder Hitze, Kälte, Feuchtigkeit, Lärm, je nachdem, ob sie gelegentlich oder dauernd und in welcher Kombination sie auftreten. Insgesamt sind es sieben Faktoren für jede Arbeitsart, von denen sechs in jeweils fünf Grade unterteilt sind. Allerdings ist die Quantifizierung der einzelnen Grade unterschiedlich: für den Aufwand an Körperkraft z. B. hat der Grad eins 10 Punkte, der

Grad fünf 50, bei den Arbeitsbedingungen der Grad eins 5 und Grad fünf 45 Punkte, während es bei den Einstufungskriterien für Ausbildung und Verantwortung sogar 20 Punkte sind, um die die Skala vom ersten bis zum fünften Grad zunimmt, so daß der fünfte Verantwortungsgrad mit 100 Punkten für die Arbeitsbewertung eingesetzt wird. Diese Unterschiede bilden innerhalb der quantitativen Maßstäbe einen qualitativen Faktor, für den intensive Arbeitsplatzbeobachtungen und Analysen Voraussetzung sind.

In ähnlicher Weise – wie hier dargestellt wurde – gibt es manche anderen Bewertungssysteme für Arbeitsleistungen bzw. für die Einstufung von Arbeitsplätzen. Teilweise sind sie aus der Sicht der Betriebsführung von Arbeitgeberorganisationen, teilweise aus der des Betriebsrates und des Arbeitnehmers von den Gewerkschaften konzipiert worden. Gegenüber dem Taylor-System haben sie im allgemeinen die gleichen Mängel, nämlich die Nichtbeachtung der sozialen Komponenten bei der Leistung. Da wird wohl die körperliche Geschicklichkeit und Handfertigkeit bewertet und eingestuft, aber nicht die soziale Geschicklichkeit, also die Anpassungsfähigkeit an Mitarbeiter oder die Fähigkeit, mit neu hinzukommenden Arbeitskollegen in verbindlicher Form umzugehen, um ihre Einführung und Integration in den kooperativen Arbeitsprozeß zu erleichtern. Der Einwand, daß es sich hierbei nicht um Merkmale des Arbeitsplatzes handle, ist insofern nicht stichhaltig, als der Arbeitsplatz keine Insel im Produktionsprozeß ist, auch dann nicht, wenn er mehr oder weniger von Gruppenarbeiten distanziert ist. Das gilt auch für den Faktor Verantwortung, der hier auf Material und Geräte, aber nicht auf zwischenmenschliche Beziehungen angesetzt wird. Leistungssysteme in soziologischer Perspektive erfordern also zum mindesten derartige zusätzliche Indikatoren. Einzelne neuere Bewertungsverfahren enthalten schon den Indikator: Umgang mit Menschen.

Die soziologische Kritik wendet sich vor allem gegen die Bewertungskriterien der gegenwärtigen Leistungssysteme, z. B. Verantwortung, die gegenüber Geschicklichkeit, Handfertigkeit, Ausbildung, Gefährdungsgrad usw. als eine völlig andere Dimension deklariert wird. Während normalerweise der Grad der Verantwortung mit der Positionshöhe innerhalb der betrieblichen und außerbetrieblichen Hierarchie gleichgesetzt wird, bezieht H. W. Hetzler ihn auf den Schaden, der „durch Unzuverlässigkeit, Leichtsinn oder Fahrlässigkeit des Arbeitenden entstehen kann“ [27, S. 38]. Nach dieser Auffassung gibt es keinen Unterschied der Verantwortung zwischen Positionsebenen, sondern einen kontinuierlichen Zusammenhang zwischen allen Arbeits- und Berufspositionen ohne Rücksicht auf Status und Prestige. Ein Arbeiter, der eine elektronisch gesteuerte Anlage bedient, kann eine höhere Schadensverantwortung haben als ein Angestellter oder Beamter bei der Bearbeitung von administrativen Vorgängen. Auch an diesem Beispiel wird deutlich, wie sehr die bisher geltenden Beurteilungssysteme in der Arbeits- und Berufswelt als Ergebnis der Sozialforschung durchlässig und zum Teil überwunden werden.

Eine letzte Frage zum Thema Arbeit als Leistungsproblem ist die der optimalen Leistung, die für die Arbeitsphysiologie, Arbeitstechnik und Arbeitspsychologie zu den Grundproblemen gehört. Sie steht hinter allen Arbeitsbewertungssystemen, was auch Taylor mit der Devise „der beste Mann an den besten Platz“ gemeint hat. Optimale Leistung aber kann weder Maximalleistung (diesen Vorwurf erhebt man gegenüber dem Smith-Modell Taylors, dem Hennecke-Typ in der DDR und dem „Helden der Arbeit“, Stachanow, in der UdSSR), also Überforderung, noch Minimalleistung sein, also Unterforderung, sondern eine optimale Koordination von Mensch, Arbeit und Technik. Das aber kann kein Quantitätsbegriff ausdrücken, weil diese Koordination nur individuell vom Arbeiter und nicht vom Arbeitsplatz aus gefunden werden kann. Ein realitätsnäherer Begriff für eine Generalisierung des Optimums ist die sogenannte Normalleistung, deren Meßbarkeit durch das im vorstehenden Beispiel gegebene Verfahren nachgewiesen werden kann. Im übrigen hat der Streit um die optimale Leistung und ihre Bemessung, z. B. durch die Stoppuhr, wohl so viele Konflikte im industriellen Betriebsleben hervorgerufen, daß dadurch mehr soziale Bindungen und leistungsfördernde zwischenmenschliche Beziehungen gestört worden sind, als diese Bemessung und ihre Methoden überhaupt wert sind.

5. Sozialisation in der Arbeits- und Berufswelt

5.1 Zur Theorie der Sozialisation

Unter Sozialisation versteht man den Prozeß, in dem das Individuum die Lebensart und Denkweise einer bestehenden Gesellschaft und Gruppe erlernt. Den Bezugsrahmen dieses Prozesses haben wir im System der Lebensbereiche mit dem Zentrum „der Mensch als sozio-kulturelle Person" bereits kennengelernt, aber nur in dem äußeren Bezugssystem mit dem Schwerpunkt Arbeit und Beruf, nicht in der Genese der sozio-kulturellen Person. Sozialisationsprozesse entstehen vornehmlich durch Personal- und Sozialkontakte, d. h. durch interpersonale Kommunikation oder Interaktion innerhalb sozialer Gruppen. Diese Kontakte geben dem einzelnen die Möglichkeit, sich die Normen und Verhaltensweisen einer bestehenden Sozialordnung anzueignen, zu verinnerlichen oder zu internalisieren. Lebensart und Denkweise werden durch Übernahme von Wertvorstellungen als letzten Motivationen sozialen Handelns, durch Habitualisierung von Verhaltensregeln für das Zusammenleben der Menschen und Verhaltensmuster übertragen. Damit ist deutlich gemacht, daß Sozialisationsprozesse sowohl individuale Integration als auch gesamtgesellschaftliche Dimensionen betreffen. Die zehnte These zu Standort und Beziehungen von Arbeit und Beruf im System der Lebensbereiche (siehe 3.3.2) enthält beide Zielrichtungen, indem es heißt: „Arbeit und Beruf sind für die individuellen Wertvorstellungen und ihre Beziehung zu zentralen Werten der Gesamtgesellschaft ein Teil des Determinationssystems, in dem die sozio-kulturelle Person die Pluralität der sozialen Rollen in der modernen Gesellschaft aufnimmt und ordnet." Das durch Sozialisation sich entwickelnde personale System führt zur Entfaltung der Bedürfnisskala des Menschen an Existenz, Erziehung, Bildung, Arbeit und Leben und bedarf dazu der Bezugsgruppen innerhalb des Gesellschaftssystems, wie sie in den primären, sekundären, tertiären und quartären Lebensbereichen angeführt sind.

In der soziologischen Literatur sind die Sozialisationsprozesse in unterschiedlicher Weise als Phasen charakterisiert worden. Nach Wurzbacher/Scharmann vollzieht sich die Sozialisation in drei Phasen [91, S. 1 ff.]:

- Sozialisation im engeren Sinne ist die Prägung der Grundstruktur des Menschen durch Führung und Betreuung, durch Verhaltenserwartungen und Verhaltenskontrollen seiner Beziehungspartner (damit ist vornehmlich die Phase der Erziehung des Menschen in Kindheit und Jugend gemeint);
- Enkulturation wird als Aneignung von Erfahrungen, Maßstäben und Symbolen der Kultur zur Erhaltung, Entfaltung und Sinndeutung der eigenen wie der Gruppenexistenz definiert (gemeint ist hier die Auseinandersetzung des Menschen mit seiner Umwelt inner- und außerhalb des Arbeits- und Berufslebens);
- Personalisation soll die Ausbildung und Anwendung der menschlichen Fähigkeit zur Integration des sozialen und kulturellen Pluralismus bedeuten (Personalisation ist hier einerseits als Persönlichkeitsbildung, andererseits wie die Stellung des Menschen als „Schnittpunktexistenz" in der pluralistischen Gesellschaft zu verstehen).

Diese drei Phasen bilden einen einheitlichen Prozeß der Wechselwirkung und Integration im Bezugsrahmen von Kultur, Gesellschaft und Person.

Zum Unterschied von früheren Auffassungen, nach denen der Sozialisationsprozeß auf die Kindheits- und Jugendphase begrenzt ist, wird mit diesen drei Phasen die These vertreten, daß Sozialisation ein lebenslanger Prozeß ist. Angesichts der Mobilität in der modernen Gesellschaft, besonders im Arbeits- und Berufsleben, muß der Mensch bei jedem regionalen und sozialen Wechsel, also von Wohnort, Arbeitsplatz, Betrieb und Position, einen neuen Sozialisationsprozeß durchstehen. Das entspricht der These vom lebenslangen Lernen, life long learning, éducation permanente. Allerdings ist die Terminologie der vorstehenden drei Phasen in der soziologischen Literatur deshalb kritisiert worden, weil Sozialisation einmal als Oberbegriff und dann wieder zur Kennzeichnung des ersten Teilprozesses verwendet wird. Weiterhin wird der Begriff Enkulturation als Übertragung von Wertorientierungen in Gesellschaft und Kultur als zu weitläufig und unbestimmt kritisiert, und schließlich ist Personalisation ein zu hoher Perfektionsbegriff nach dem humanistischen Bildungsideal.

Der folgende Vorschlag enthält eine andere Terminologie und inhaltliche Deutung der drei Phasen. Er geht von der Annahme aus, daß es sich bei der Sozialisation um Prozesse handelt, in denen der Mensch nach überindividuellen Wertvorstellungen, Normen und Sanktionen geformt wird und sich formt. Das ist natürlich nicht nach der äußeren Gestalt, obwohl auch diese von Einflüssen der Umwelt nicht unabhängig ist, sondern im Hinblick auf sein individuelles Wertbewußtsein, die Entwicklung seiner Verhaltensweisen und seine Integrationsfähigkeit gemeint. Formung ist ein besseres Wort für Prägung, weil es sowohl Fremdeinwirkungen als auch Eigeninitiative umfaßt. Mit diesen Vorbehalten werden folgende drei Phasen unterschieden:

- Fremdformung der Grundstruktur des Menschen im Kindheits- und Jugendalter. Wir nennen sie die passive Phase der Sozialisation.
- Wechselseitige Formung durch Auseinandersetzung der Person mit den Wertvorstellungen, Normen und Verhaltensweisen der sozialen Umwelt: die bilaterale Phase.
- Selbstformung durch Entfaltung eigener Formkräfte und individuelle Gestaltung bis zum Personbewußtsein: autonome Phase.

Diese drei Phasen werden nach verschiedenen Sozialisationsfaktoren (Erziehung und Bildung als erster, Ausbildung und erste Arbeits- und Berufsphase als zweiter, schließlich Eigendynamik und Selbstbewußtsein als dritter) auf den Bezugsrahmen Gesellschaft, Kultur und Person bezogen. Wir sind uns klar darüber, daß nicht alle Menschen alle drei Phasen durchlaufen können, vor allem die dritte Phase, die ein persönliches Distanzverhältnis zur Umwelt und Gesellschaft fordert, nicht erreichen können. Es ist sogar möglich, daß Menschen, die ihr Leben lang etwa als Hilfsarbeiter tätig sind und sowohl in der allgemeinen wie in der speziellen Bildung sich nicht haben entwickeln können, eine für die Lebensbewältigung unzureichende Grundstruktur besitzen und damit aus der passiven Phase in Familie, Arbeit, Freizeit und sozialer Umwelt nicht herauskommen. In diesem Sozialisationskonzept soll vor allem die gesellschaftliche Dimension stärker betont werden, und zwar in der zweiten Phase als Auseinandersetzung mit der Umwelt und in der autonomen Phase als Distanzverhältnis zu Umwelt und Gesellschaft.

Es spricht für die allgemeine Bedeutung kontinualen Denkens, daß auch die vorstehenden Phaseneinteilungen der Sozialisation als überholt angesehen werden. „Sozialisation erfolgt nicht jeweils spezifisch für klar abgegrenzte Abschnitte, . . . sondern in gleitenden Übergängen (im Sinne spezifischer Kombinationen von Lern- und Verlernvorgängen)" [74, S. 111]. Diskontinuität gibt es für diese Denkweise nur bei Kulturen mit primitiver technischer Ausstattung, während in ausgereiften Gesellschaften die „antizipatorische Sozialisation", d. h. die kognitive Vorbereitung von Arbeits- und Berufsvorstellungen sowie den in der dynamischen Gesellschaft unausweichlichen Wechselsituationen, für fließende Übergänge sorgt.

Jeder soziale Prozeß in diesen individualen und sozialen Dimensionen wird durch Elemente und Faktoren beeinflußt, die ein Interaktionsmodell bilden. Im Sozialisationsprozeß sind vier Elemente zu nennen, nämlich die sozio-kulturelle Person als Sozialisand, die Träger des Prozesses als Sozialisatoren, der Sozialisationsbereich als soziale Umwelt und deren Organisation. Von diesem funktionalen System her kann man die Sozialisation als „Übertragung von Verhaltensdispositionen durch Sozialisatoren auf Sozialisanden" definieren [47]. Sozialisatoren können sein: Eltern, Lehrer, Lehrmeister, Führungskräfte im Betrieb, Organisationsleiter, Verbandsvorsitzende bis hin zu Behördenleitern und dergleichen. Die soziale Rolle des Sozialisanden reicht von passiver bis zu aktiver Sozialisation, in unserer Terminologie von der Fremdformung bis zur Selbstformung. Dabei bleibt offen, in welcher Altersphase Selbstformung und die Auseinandersetzung mit der Umwelt beginnen. In einer Welt offener Systeme, anders ausgedrückt: in der offenen Gesellschaft, kann die Aktivitätsphase früher und intensiver eintreten als in einer geschlossenen Gesellschaft mit zentraler Wertorientierung. Sozialisatoren sind also in ihren Verhaltensweisen keineswegs unabhängig von der Reaktion der Sozialisanden. Außerdem sind sie abhängig von gesamtgesellschaftlichen Sozialisationsvorstellungen und im Normalfall die Funktionäre von überindividuellen Wertordnungen. Die Interaktion zwischen Sozialisatoren und Sozialisanden ist also ein Teil umfassender sozialer Systeme.

Ein instruktives Beispiel für ein solches Interaktionsmodell bietet die Theorie der sozialen Gruppe von George Homans [29]. Sie unterscheidet ein inneres und äußeres System der sozialen Gruppe und erkennt für beide drei elementare Faktoren, die zu ihrer Entstehung und Strukturierung führen: Aktivität, Gefühl und Interaktion. Die Strukturierung erfolgt nach dem Erfüllungsgrad der Gruppennormen: Derjenige, der die Normen am besten erfüllt und in soziales Handeln umsetzt, wird Interaktionszentrum, also Gruppenführer. Im inneren System regeln sich die Beziehungen nach der Distanz zum Interaktionszentrum, im äußeren System in ähnlicher Weise nach der Distanz zu anderen Gruppen und zwischen den verschiedenen Interaktionszentren. Schon dieses Skelett der Theorie enthält die wichtigsten Elemente und Faktoren eines Sozialisationsmodells, in dem der Gruppenführer als Interaktionszentrum die Rolle des Sozialisators hat und die Gruppenmitglieder, gestuft nach dem Erfüllungsgrad der Normen, als Sozialisanden interagieren. Das äußere System können wir als Sozialisationsbeziehungen zur sozialen Umwelt bis zur gesamtgesellschaftlichen Sozialordnung ansehen.

5.2 Arbeit und Beruf als Sozialisationsfaktoren

Sozialisation in der Arbeits- und Berufswelt kann man als Einführung in soziale Positionen umschreiben, und zwar in zwei Dimensionen: im Bereich der Zugangskriterien (Vorbildung, Ausbildung, Anforderungen, Aspirationen) und in der Ausführung von Arbeits- und Berufstätigkeiten. Die relative Bedeutung dieser beiden Sozialisationsbereiche entscheidet sich nach dem Professionalisierungsgrad im Kontinuum Arbeit und Beruf. Sie betreffen die verschiedenen Altersstufen, von der arbeit- und berufsuchenden Jugend bis zum Ausscheiden aus Büro und Betrieb. Zwischen diesen hat der einzelne mit wechselnden Bezugsgruppen zu tun, deren Sozialisationspotenz seine Entwicklung in den drei Phasen entscheidend beeinflußt. Sozialisation ist damit ein lebenslanger sozialer Lernprozeß, in dem je nach Alter und Position spezifische Rollenerwartungen erfüllt werden müssen, die eine Veränderung der sozialen Persönlichkeit bewirken und voraussetzen. Sie vollzieht sich in zeitlichen Abständen mit unterschiedlichen Koordinationsaufgaben von der Ausbildung in formellen Organisationen bis zur Pluralität sozialer Rollen in graduell verschiedenen Positionen. Im folgenden wollen wir zunächst die Sozialisation von Arbeits- und Berufstätigen inner- und außerhalb von Arbeitsstätten und anschließend einige Sozialisationsprobleme an der Schwelle der Arbeits- und Berufswelt kennenlernen.

5.2.1 Der Betrieb als Sozialisationsbereich

Was die theoretische Vorklärung für unsere Frage nach den Sozialisationsfaktoren Arbeit und Beruf bedeutet, so können wir die These vertreten, daß es kaum eine soziologische Theorie gibt, deren Umsetzbarkeit in reales Verhalten so nahe liegt wie bei der Sozialisationstheorie. Sie ist im Grunde genommen nur induktiv zu verstehen und deshalb auf empirisch gewonnene Forschungsergebnisse angewiesen. Der induktive Weg für eine Analyse der Sozialisationsfaktoren Arbeit und Beruf führt also von der räumlichen und sozialen Einheit des Betriebes in einem sehr allgemeinen Sinne bis zur formalen und informalen Gruppe. Versuchen wir einmal, diesen Weg abzuschreiten. Der Betrieb ist, wie wir wiederholt festgestellt haben, ein soziales System, d. h. durch Regeln und Normen, in Handlungsfeldern und Handlungssystemen gefestigtes Gefüge. Zudem ist er ein sekundäres System, in dem die Machbarkeit aller technischen und sonstigen Einrichtungen, die Organisierbarkeit der Arbeit und die Zivilisierbarkeit des Menschen (Hans Freyer) für seine Sozialisationsfähigkeit fundamentale Faktoren sind. Arbeitspädagogen unterscheiden diesen Betrieb nach intentionalen und funktionalen Erziehungsfaktoren, je nachdem, ob zielorientierte Ausbildung (z. B. in der Lehrzeit oder in der Werksschule oder in besonderen Einführungskursen) oder umweltbedingte Einflußfaktoren den Menschen formen [1].

Soziologisch gesehen ist die funktionale, also umweltbezogene Eigenschaft des Betriebes von primärer Bedeutung, denn sie ist arbeitsorientiert, also nicht an Erziehungszielen. Von dieser funktionalen Sozialisationspotenz des Betriebes gehen wir deshalb bei dem Weg bis zur informalen Gruppe aus. Das Gesamtsystem Betrieb, repräsentiert durch Betriebsführung, mittlere Führungsschicht und Betriebsvertretung, wird für den Sozialisationsprozeß des einzelnen nur insoweit wirksam, als die bereits konstatierten Regelungssysteme für das Verhalten, das Denken und die Leistung verbindlich sind. Sie sind aber mehr sekundärer Bedeutung, weil je nach der Größe des Betriebes die maßgebende Vermittlerfunktion von Personal- und Sozialkontakten nicht unmittelbar in Erscheinung tritt. Hier stoßen wir auf jenes bekannte Phänomen der Anonymität des Großbetriebes, in dem nur in einem sehr engen Bereich der Betriebsführungsebene noch dieser personenbezogene Begriff gültig ist, während für den Gesamtbetrieb „Führung" nur als sachbezogene Leitung verstanden werden kann. Aus diesem Grunde läßt sich der Sozialisationsprozeß, soweit man ihn auf den einzelnen Arbeitnehmer unmittelbar am Arbeitsplatz bezieht, nur im Kontaktfeld der unmittelbaren Vorgesetztenebene und zwischen den Arbeitenden, also in den formalen und informalen Kooperationsformen verfolgen. Hier haben wir es mit einer Situation zu tun, in der alles das, was wir in der Theorie entwickelt haben, praktisch anwendbar wird: die Fremdformung für Lehrlinge, Neueintretende und solche mit einer unzureichenden Grundstruktur, die wechselseitige Formung in der Auseinandersetzung mit Vorgesetzten, Kollegen und schwierigen Arbeitsvorgängen, die Selbstformung in der fachlichen Weiterbildung und Erfahrung, im Aufstiegsdenken und im Streben nach Selbständigkeit im Betrieb.

Das Arbeits- und Berufsleben wird hier durch eine Fülle von Normen geregelt. Man denke zum Beispiel an Betriebsordnungen, Arbeitsordnungen, Arbeitsverträge sowie den Gesamtkomplex der Zielorientierungen und Produktionsordnungen, die für das Funktionieren eines Betriebes erforderlich sind. Diese Normen regeln z. B. das Zeitverhalten der Arbeitnehmer zur Einhaltung einer bestimmten Arbeitszeit oder das Ordnungsdenken im Betrieb durch bestimmte Vorschriften für Information und Kommunikation, für Sauberkeit, Zusammenarbeit usw. Vor allem wird das Leistungsverhalten durch Festsetzung von Akkorden nach Quantität und Qualität, durch Kontrolle der Ergebnisse, und nicht zuletzt das hierarchische Denken durch bestimmte Verhaltenserwartungen gegenüber Führungskräften der verschiedenen Ebenen sozialisiert. Eine Außerachtlassung solcher Verhaltensregeln wird durch Sanktionen geahndet, die vom Lohnausfall, z. B. für Unpünktlichkeit, bis zur Entlassung bei groben Verstößen gegen die Betriebsdisziplin reichen. Der Betrieb ist also ein soziales System, dessen innere Struktur in vieler Hinsicht vorgegeben ist und von dem einzelnen Arbeitnehmer als gegeben akzeptiert werden muß. Für die Möglichkeiten und Rechte, die der einzelne entweder unmittelbar oder über seine Betriebsvertretung zur Änderung solcher Normen und Sanktionen besitzt, bestehen ebenfalls Normen in Gestalt von Betriebsverfassungsgesetzen oder Betriebsvereinbarungen. Für das Verständnis des Sozialisationsbegriffes ist nur entscheidend, daß der einzelne in eine gegebene Ordnung eingeführt wird und sich einfügen muß, deren Ordnungsvorstellungen als Sozialisationsfaktoren wirken.

Der intentionale Bereich der betrieblichen Sozialisation hat ebenfalls seine soziologische Bedeutung. Er ist im Rahmen der Arbeitspädagogik, der Arbeitsschule und neuerdings der Arbeitslehre zu einem sozialisationsorientierten Wirkungszusammenhang zwischen Arbeit und Erziehung geworden. Für den Arbeitssoziologen stehen dabei folgende Probleme im Vordergrund:

1. Arbeit als inhaltliches Prinzip mit dem Ziel der Beeinflussung von Arbeitsfähigkeit, Arbeitswilligkeit im Zusammenhang mit der sozialen Umwelt.

2. Die Erziehung durch Arbeit im Sinne eines Leitbildes vom arbeitenden Menschen und als sozialbedingtes Wesen. Vor allem die Arbeitsschulbewegung ist hier in der Förderung des selbständigen Erarbeitens auf Sozialisation ausgerichtet. Ihr Begründer, Georg Kerschensteiner, hat der Arbeitspädagogik als Aufgabe des öffentlichen Schulwesens einen besonderen Platz in der Vorbereitung auf die Berufsentscheidung zugewiesen [35].

3. Dessen Idee von den Grundfragen der Arbeitserziehung hat Johannes Riedel [67] veranlaßt, die Gesamterscheinung Arbeit unter den verschiedenen von uns bereits dargestellten Gesichtspunkten, also nicht nur soziologisch, zu erfassen und für die Sozialisation vor allem ungelernter und angelernter Arbeitskräfte wirksam werden zu lassen. Er spricht von der „Berufserziehung von Nichtgelernten". Es geht dabei um die gesamte Lebenssituation des arbeitenden Menschen. In dieser arbeitspädagogischen Konzeption werden intentionale und funktionale Autgaben der Sozialisation einander zugeordnet. Damit überwindet Riedel die in der früheren Auffassung von Arbeitsschule immer wieder betonte Andersartigkeit oder sogar Gegensätzlichkeit von pädagogischen, psychologischen und soziologischen Einsichten in das Gesamtphänomen Arbeit und Beruf und gibt der sozialen Komponente der Arbeitserziehung den ihr zukommenden Stellenwert.

4. Ein Ergebnis der modernen Erziehungswissenschaft ist die Arbeitslehre, ein Begriff, der im Zusammenhang mit der Bildungsreform vor allem für die Grund- und Hauptschule erst 1964 eingeführt wurde. Sie bedeutet eine Vorbereitungslehre auf das Arbeits- und Berufsleben und die intentionale Berufsausbildung in Betrieb und Berufsschule. Deshalb ist sie praxisorientiert, ähnlich wie die polytechnische Ausbildung, wie sie außerhalb der Bundesrepublik vor allem in den Ostländern gepflegt wird. Praxis bedeutet hier arbeiten nach Werkregeln mit Hilfe technischer Mittel, z. B. auch der Elektronik, und gegebenenfalls durch Aneignung wissenschaftlicher Erkenntnisse. Dabei stehen industrielle Arbeitsformen gegenüber der mehr handwerklich orientierten

Arbeitsschulidee im Vordergrund. Auch die Einordnung dieser praxisbezogenen Aufgaben in das Gesamtsystem der Arbeitsorganisation ist Bestandteil der Arbeitslehre. Damit erfaßt der funktionale Aspekt der Arbeitslehre „die situationserschließende Sozialpraxis im gesellschaftlichen Erfahrungsraum“ [70, S. 172]. Für die Arbeitssoziologie wird Arbeitslehre zur arbeits- und berufsorientierten Elementarbildung in der Sozialisationsphase der Fremdformung.

Der Weg der Arbeitspädagogik von der Arbeitsschule über die Arbeitserziehung zur Arbeitslehre ist ein Beweis dafür, wie sich die traditionelle Pädagogik unter dem Einfluß soziologischer Denkweisen und Methoden immer mehr der industriellen Wirklichkeit zuwendet und sich auch arbeitssoziologischer Aspekte, Begriffe und Theorien bedient. Damit wird das Thema Arbeit und Beruf als Sozialisationsfaktoren zu einem multidisziplinären Gegenstand.
Wenn wir von Arbeitssoziologie sprechen, so gehört die Gesellschaftsbezogenheit zu den selbstverständlichen Voraussetzungen dieser Disziplin, und das trifft in erster Linie zu für die räumliche und soziale Einheit, in der sich in der modernen Gesellschaft das Arbeits- und Berufsleben in der Hauptsache abspielt, den Betrieb als Arbeitsstätte.

5.2.2 Das Hawthorne-Experiment als Sozialisationsstudie

Für die arbeitssoziologische Perspektive sind formale und informale Formen und Bereiche der Arbeitsorganisation von gleicher Bedeutung. Bevor wir diese These überprüfen, müssen wir uns zunächst mit Herkunft und Inhalt der beiden Begriffe formal und informal vertraut machen. Ihr Ursprung war eine empirisch-experimentelle Untersuchung, die in den Jahren 1924 bis 1934 in den Hawthorne-Werken der Western Electric Company in Chikago durchgeführt wurde und seitdem als Hawthorne-Experiment in die Geschichte der soziologischen Forschung eingegangen ist [vgl. 52, S. 99 ff.].

Anlaß dieses Experiments waren Spannungen und Leistungseinbußen, die zwischen verschiedenen Abteilungen bei der Fabrikation von Telefonapparaten entstanden. Die Ursachen konzentrierten sich vor allem auf die Montageabteilung der Aggregate. Daraufhin setzte die Unternehmensleitung nacheinander dreizehn Versuchsreihen an: arbeitsphysiologische mit der Einführung von Ruhepausen von wechselnder Länge sowie Änderungen von Temperatur, Sichtverhältnissen und zusätzlichen Vergünstigungen am Arbeitsplatz; arbeitstechnische mit Verbesserungen an Montagewerkzeugen, Bandregulierungen und ähnlichem. Schließlich wurden Arbeitspsychologen konsultiert, die Eignung und Arbeitsbereitschaft sowie Arbeitsgesinnung mit ihren Methoden zu testen hatten. Zwischen den genannten Versuchsreihen wurden Unterbrechungen vorgenommen, also Wegfall der Pausen und sonstiger Vergünstigungen, um die Dauerwirkung des Experiments zu konstatieren. Dabei stellte sich heraus, daß sowohl während der Anwendung der verschiedenen Methoden als auch in den Unterbrechungszeiten die Produktivität gleichmäßig absank. Dieses Ergebnis veranlaßte die Hawthorne-Werke, zwei Experten der Harvard-Universität und des Massachusetts Technical Institutes in Boston, USA, nämlich die Professoren Elton Mayo und Roethlisberger, mit der Durchführung weiterer Versuchsreihen zu beauftragen.

Damit begann das eigentliche Hawthorne-Experiment in drei Phasen. Die erste Phase wurde nach dem Vorbild der Naturwissenschaften wie in einem Laboratorium durchgeführt: In einem abgeschlossenen Raum wurde ein Montagetisch mit sechs Arbeitsplätzen eingerichtet und mit Arbeitern und Arbeiterinnen so besetzt, daß sie von drei Beobachtungstischen aus ständig gesehen werden konnten. Die Gruppe hatte weitgehende Autonomie, z. B. die Reihenfolge der Platzbesetzung selbst zu bestimmen und zu verändern. Ferner konnte sie Pausen und andere Vergünstigungen für eine Anfangszeit in dieser Phase selbst festsetzen. Es gab vor allem keinen Eingriff eines Vorgesetzten in den Arbeitsablauf und die Art der Zusammenarbeit. Nach einiger Zeit (das Experiment dauerte insgesamt drei Jahre) wurden alle Erleichterungen und Vergünstigungen einschließlich der Autonomie rückgängig gemacht. Während bei den früheren Versuchsreihen die Produktivität nach diesem Eingriff sofort absank, blieb sie bei diesem Experiment nicht nur erhalten, sondern steigerte sich noch. Mit anderen Worten, die Veränderung der arbeitsphysiologischen und arbeitstechnischen Umweltverhältnisse hatte keinen unmittelbaren Einfluß mehr auf die Leistung der Gruppe.

Dieses Ergebnis wurde von den Beobachtern so gedeutet, daß innerhalb der Gruppe exogene, mit dem Arbeitsprozeß nicht unmittelbar zusammenhängende Faktoren wirksam geworden waren, die durch rein betriebliche Mittel nicht erfaßt und gesteuert werden konnten. Aus der formal für die Montage von Telefonrelais zusammengesetzten Arbeitsgruppe war eine informale, also durch Interaktion und die Herausbildung von Gruppennormen beeinflußte Zusammenarbeit entstanden. Damit gelangte das Experiment zu einem theoretischen Konzept, das von der Unterscheidung zwischen formaler und informaler Gruppe bis zu einer zweifachen Sichtweise des Sozialsystems Betrieb als formale und informale Ordnung reichte.

Die zweite Phase hatte die Aufgabe, festzustellen, ob derartige informale Gruppenbildungen und Interaktionssysteme auch außerhalb des Experimentierraumes, also im täglichen Ablauf der Arbeitsvollzüge, Einfluß auf die Produktivität von Einzel- und Gruppenleistung ausübten. Dazu wurde ein Befragungsprogramm entwickelt, nach dem alle Belegschaftsmitglieder (ca. 22 000) interviewt wurden. Zu jener Zeit waren die heutigen Samplemethoden mit einer Repräsentativbefragung noch nicht bekannt. Das so gewonnene Massenergebnis bestätigte die im Laboratorium angefallenen Erkenntnisse der Informalität als einer von der Unternehmensleitung bisher nicht beachteten latenten Ordnungspotenz, und zwar sowohl in positiver wie in negativer Hinsicht. Die positive Seite war die zuvor gefundene Stabilität und Steigerungsfähigkeit der Leistung durch informelle Gruppenbeziehungen, die negative zeigte sich darin, daß Gruppennormen dieser Art auch zur restriction of output, also zur Leistungsminderung führen konnten. Ob eine Gruppenleistung nach der einen oder anderen Richtung sich entwickelte, konnte sowohl auf das Maß der Autonomie der informalen Gruppe wie auf die sozialen Umweltbedingungen zurückgeführt werden. Damit war die Basis einer betriebssoziologischen Theorie gefunden, die unmittelbar in die Praxis umgesetzt werden konnte. Das Hawthorne-Experiment hat trotz vielseitiger Kritik nicht nur von seiten der Gewerkschaften, sondern auch aus der Wissenschaft wegen der Einseitigkeit des Laboratorium-Experiments, eine weltweite Bedeutung erlangt und ist im Zusammenhang mit der human-relations-Bewegung unmittelbar nach dem Zweiten Weltkrieg auch in der Bundesrepublik Deutschland zu einem Standardthema betriebssoziologischer Forschung und Literatur sowie zu einer Aufgabe wissenschaftlicher Betriebsführung geworden. An seinen Erkenntnissen hat sich die soziologische Theorie sowohl in den Vereinigten Staaten wie in Europa weiter entwickelt im Zusammenhang mit den Theorien vom sozialen Wandel, von sozialer Rolle, sozialem Konflikt und sozialem System, so daß für die Gegenwart dieses Forschungsprojekt nur noch eine mehr oder weniger geschichtliche Bedeutung für die Wissenschaft und Praxis des Arbeits- und Berufslebens hat.

Die dritte Phase, die in den Hawthorne-Werken konsequent realisiert wurde, war die Organisation einer betrieblichen Sozialberatung, die bereits drei Jahre vor Veröffentlichung der Ergebnisse im Jahre 1936 in Angriff genommen wurde. Sie begann mit dem Einsatz von 20 Beratern (zum Teil aus der Forschungsgruppe) und steigerte sich bis auf 30 bei 22 000 Mann Belegschaft. Die Aufgabe dieser Sozialberater, die nach einem Soziologie- oder Psychologiestudium eine Sonderausbildung von 18 Monaten im Werk erhielten, war im wesentlichen, inmitten einer Abteilung für alle Arbeiter und Angestellte unmittelbar am Arbeitsplatz oder in besonderen Beratungszimmern zur Verfügung zu stehen. Die soziale Geschicklichkeit des Beraters entscheidet darüber, inwieweit die Betriebsangehörigen der Abteilung davon Gebrauch machen, also Vertrauen gewinnen, und ihm damit Gelegenheit geben, Spannungen und Konflikte, die aus formalen oder informalen Ursachen entstehen, zu erfahren und zu lösen. Entscheidend für diese Sozialberatung ist der Grundsatz absoluter Vertraulichkeit wie das Amtsgeheimnis des Arztes, und zwar auch gegenüber der Werksleitung. In monatlichen oder vierteljährlichen Berichten werden unmittelbar an das Direktorium des Unternehmens Gesamtergebnisse der Sozialberatung für die Personalführung zur Verfügung gestellt. Dieses System hat nach unserer Kenntnis weder in den Vereinigten Staaten noch in Europa größere Verbreitung erfahren, wahrscheinlich auch deshalb, weil es durch den Einsatz so vieler wissenschaftlich vorgebildeter Kräfte zu kostspielig erscheint, obwohl innerbetriebliche Spannungen sich eventuell höher als Bilanzposten niederschlagen können und ein Streik mit Bestimmtheit mehr Mittel erfordert als die Gehaltssumme der Sozialberater. Nach zwei Richtungen aber hat sich die Hawthorne-Studie institutionell sehr ausgewirkt, einmal in der Umstellung der traditionellen Werksfürsorge auf sozialberaterische Funktionen, und zum anderen in der Entwicklung der sogenannten Industrieberatung, soweit sie sich mit Personalberatung befaßt. Ganz allgemein gesehen läßt sich die innerbetriebliche Aufwertung und in großen Unternehmungen, vor allem der Mitbestimmungsbetriebe, die Gleichsetzung der Personalführung mit der technischen und kaufmännischen Leitung auf die bewußte oder unbewußte Anerkennung und Anwendung der Hawthorne-Erkenntnisse zurückführen. Eine Generalthese aus diesen Untersuchungsergebnissen läßt sich wie folgt formulieren: Unter gegebenen Umständen (d. h. je nach dem Koordinierungsgrad von formaler und informaler Ordnung) ist die Gesamtleistung einer Arbeitsgruppe größer als die Summe der Einzelleistungen.

Damit kommen wir auf die Frage zurück, warum der formale und informale Charakter einer Arbeitsorganisation von gleicher Bedeutung sind. Im Anschluß an die soeben formulierte Generalthese können wir antworten: Weil sowohl die formale wie die informale Gruppe gleiche Funktionen haben und bei einer Gleichheit der Ziele einen gleich wichtigen Beitrag zur Stabilität und Entwicklung des Sozialsystems Betrieb leisten können. Dabei handelt es sich um vier Funktionen: die Durchsetzung von informalen Gruppenzielen gegenüber der Leitung, also auch Schutz vor Überforderung und Willkür (politische Funktion); die Einführung und Integration neuer Arbeitskollegen und die Vermeidung oder Überwindung von Spannungen und Konflikten (motivierende Funktion); die Beobachtung und Sanktionierung von Verhaltensnormen der Gruppen für betrieblichen Ablauf und Leistung (kontrollierende Funktion).

Die vierte Funktion kann in einer positiven Reaktion der informalen Gruppe große Bedeutung gewinnen und ist soziologisch von unmittelbarem Interesse. Für sie ist der kontrollierende Bereich in beiden Richtungen, sowohl für die formale wie die informale Ordnung, entscheidend, denn dadurch wird das Verhalten der Gruppenmitglieder in Disziplin, Leistung, Arbeitsmentalität und Arbeitsbereitschaft geprägt bzw. geregelt. Eine Koordinierung dieser kontrollierenden Funktionen kann aber nur gelingen, wenn die motivierenden Gruppeneinflüsse den kontrollierenden parallel laufen und nicht entgegenstehen. Das letztere kann dann der Fall sein, wenn die informale Gruppe zu schwach ist, um ihre eigenen Normen gegenüber der Leitung vertreten zu können. Diese Situation kann zu Resignation und Gleichgültigkeit gegenüber der Arbeitsorganisation, aber auch zum Widerstand führen. Für einen positiven oder negativen Beitrag der informalen Gruppenbildung zu den Zielvorstellungen der Betriebsführung ist also die Art und Intensität der Beachtung und Einschaltung ihrer Einflußmöglichkeiten und Kontrollen über die Gruppenangehörigen maßgebend. Je mehr die Betriebsleitung bis hinunter zur mittleren Führungskraft die informale Gruppe als solche in ihre Ordnungsplanung einbezieht und nicht nur den einzelnen Arbeitnehmer, je mehr Autonomie sie der inneren Ordnung dieser mehr oder weniger kleinen Arbeitsgruppen überläßt, desto breiter und intensiver kann ihr Sozialisationseffekt für den Gesamtbetrieb sein. Diese weitreichenden Erkenntnisse des Hawthorne-Experiments haben unter anderem auch zur Konzipierung und ständigen Fortentwicklung einer Theorie der kleinen Gruppe geführt, wie sie in einer klassischen Ausprägung von George Homans zuvor dargestellt wurde.

In der anglo-amerikanischen Soziologie werden auch die Begriffe formale und informale Sozialisation zur Darstellung von Kontrollmechanismen verwendet [63, S. 101 f.]. Als formale gelten Zugangs- und Ausübungsregeln (z. B. Niederlassungsrechte oder Berechtigung zur Führung von Positionsbezeichnungen) und als informale Mechanismen die soziale Kontrolle durch Kollegen, durch Klienten bei freien Berufen oder Kunden im Geschäftsleben. Dieser Hinweis soll nur andeuten, daß zwischen dem Begriffspaar formal und informal und der Sozialisationstheorie Beziehungen erkannt wurden, die uns berechtigen, das Hawthorne-Experiment als Sozialisationsstudie zu bezeichnen. Sie ist in gleicher Weise ein Beispiel für intentionale und funktionale Sozialisation.

5.3 Sozialisationsprobleme an der Schwelle der Arbeits- und Berufswelt

5.3.1 Jugend und Alter als Sozialisationsphasen

Die Situationsproblematik junger Menschen beim Abschluß ihrer Schulbildung ist ein so zentrales Thema der Soziologie, daß sie hier nur mit wenigen Strichen angedeutet werden muß. Das häufigste Kriterium für diese Situation lautet Verhaltensunsicherheit. Sie bezieht sich nicht nur auf die Arbeits- und Berufsentscheidung, sondern auf die Lebenssituation dieser Jugend überhaupt. Man kann sie in einer Art Kontrastperspektive zu dem Alter im Zeitpunkt des Ausscheidens aus dem Arbeits- und Berufsleben deutlich machen; denn die besondere Verhaltenssituation des schulentlassenen Jugendlichen besteht darin, daß er aus allen Bindungen herausdrängt, aus der Schule, aus der Kirche, aus dem Elternhaus, aus Kindheits- und Jugendgruppen, z. B. Spielgruppen, kurzum, es ist eine Flucht in die möglichst totale Freiheit. Der alte Mensch im Zeitpunkt der Pensionierung befindet sich in der umgekehrten Situation. Mit dem Ausscheiden aus dem Beruf wird er im Normalfall nicht nur aus Kontakten mit seinen Arbeitskollegen, sondern auch aus anderen Verbundenheitsformen der Familie und des außerfamiliaren Bereichs wie Vereinen, Organisationen herausgedrängt. Der plötzliche Fortfall von lebenstragenden Funktionen eröffnet einen neuen sozialen Horizont, dessen Ausfüllung viele alte Menschen nicht gewachsen sind. Mangelndes Eingeordnetsein bringt soziale Isolierung mit sich, die sich nicht selten auch auf die eigene Familie auswirkt. Während die Jugend sich selbst ausgliedert, um frei zu sein, wird das Alter ausgegliedert und desozialisiert. In beiden Fällen ist das Ergebnis soziale Unsicherheit: in der Jugend die Verhaltensunsicherheit gegenüber neuen sozialen Verbundenheitsformen und -systemen, die in Arbeit und Beruf oder in Büro und Betrieb sowie in der Freizeit ihr entgegentreten. Das Alter hingegen gerät in die Unsicherheit zwischen sozialer Fülle und sozialer Leere des Lebens, die oft in Resignation und Passivität endet.

Diese Verhaltensunsicherheit der Jugend an der Schwelle zu Arbeit und Beruf trifft in der Gegenwart mit einer Gesellschaft zusammen, die selbst als Folge ihres pluralistischen Charakters, ihrer Dynamik, ihrer Offenheit und infolge der Freiheitsrechte und der Schnittpunktexistenz des Menschen in einer Unsicherheitssituation sich befindet. Hinzu kommen Generationskonflikte, Motivations- und Mentalitätskonflikte. Um diese problemgeladene Übergangssituation zu erleichtern, sind zwei Fragen aufgeworfen worden, deren Beantwortung hier nur teilweise erfolgen kann. Es handelt sich um die Frage nach dem angemessenen Zeitpunkt für die Entlassung der Jugend aus der Schule in das Arbeitsleben und zum anderen um die Frage nach den Leitvorstellungen und Leitbildern der Gesellschaft. Die erstgenannte Frage betrifft also das Lebensalter und könnte damit beantwortet werden, daß mit zunehmender rationaler Orientierung auch die Phase der Verhaltensunsicherheit abgekürzt und überwunden werden kann. Wir meinen damit sowohl die rationale Arbeits- wie Lebensorientierung. Ansätze dazu sind durch die Erweiterung des Schulbesuchs auf ein neuntes und zehntes Schuljahr, durch die Förderung weiterführender Schulen, durch früheren Einsatz von arbeits- und berufsorientierten Lehrfächern in der Schule, z. B. Arbeitslehre, und manche Reformen in der allgemeinen und beruflichen Bildung gemacht worden. Es scheint aber, daß die Rationalität der Lebenseinstellung weniger durch pädagogische Maßnahmen als von ganz anderen Kräften beeinflußt wird.

5.3.2 Das Bezugssystem Gesellschaft, Jugend, Arbeit und Beruf

Das Bezugssystem Gesellschaft – Jugend – Arbeit und Beruf kann in folgender Weise veranschaulicht werden: (s. S. 158)

Wir können dieses Bild wiederum als ein gegenläufiges Zirkulationsmodell deuten. Betrachten wir zunächst den äußeren Kreislauf zwischen Gesellschaft, Jugend, Arbeit und Beruf, so

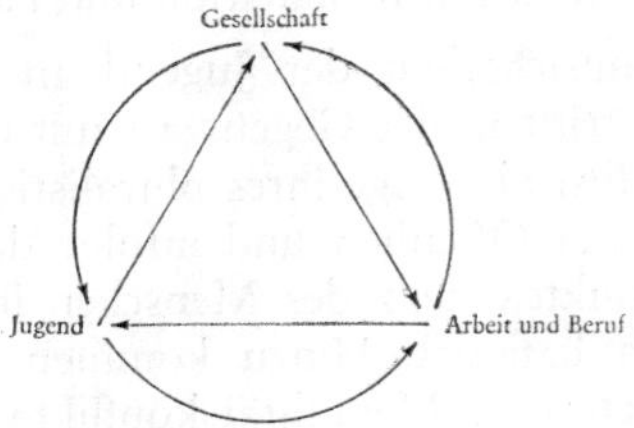

ist es selbstverständlich, daß die Existenz einer Gesellschaft, sei es Agrar- oder Industriegesellschaft oder wie die Modelle heißen mögen, nicht nur biologisch, sondern in jeder anderen Hinsicht Voraussetzung für die Entstehung, Heranbildung und Sozialisation der Jugend ist. Diese bildet das Fundament für die Berufsstruktur, denn ohne nachwachsende Generationen ist das Arbeits- und Berufsleben eines Sozialsystems nicht gesichert und funktionsfähig. Mit anderen Worten: Jugend ist Nachwuchssicherung der Gesellschaft. Die horizontale und vertikale Differenzierung des Sektors Arbeit und Beruf als Teilsystem der Gesamtgesellschaft ist die Grundlage und Voraussetzung für die soziale Strukturierung der Gesellschaft, denn Grad und Qualität gesellschaftlicher Leistung beruhen auf den Entscheidungen der Jugend und auf der Breite und Intensität von Ausbildungsmöglichkeiten aller Schichten. Je höher der Industrialisierungsgrad einer Sozialordnung, desto höher und breiter muß das berufliche Ausbildungssystem sein. Damit schließt sich der äußere Kreislauf in dem Bezugssystem.

Für die innere Zirkulation beginnen wir bei der Jugend, denn ohne sie gibt es keine Kontinuität der Gesellschaft. Je geringer die Geburtenzahl, desto problematischer wird die Nachwuchssicherung und damit auch die Sicherstellung ihrer Funktionen, denn die Jugend von heute ist die Gesellschaft von morgen, sie gibt dem Arbeits- und Berufsleben Kontinuität. In welchem Grade in der zweiten Linie politische, wirtschaftliche und kulturelle Aktivität der Gesellschaft die Entfaltung, Entwicklung und eventuell Umstrukturierung des Arbeitslebens beeinflussen kann, ist an einem Vergleich zwischen den Ländern des Westens und des Ostens oder zwischen Industrie- und Entwicklungsländern deutlich zu beobachten. Im abschließenden Teil des inneren Bezugssystems stellen wir fest, daß die Breite und Höhe der Berufs- und Sozialstruktur das Angebot an Arbeits- und Berufschancen für die Jugend bestimmt. Ein Vergleich zwischen ländlichen und städtischen Regionen, zwischen landwirtschaftlich und industriell strukturierten Gebieten zeigt, bis zu welcher Enge, aber auch bis zu welcher Auffächerung der Spielraum für die Jugendlichen werden kann.

Die Interdependenz in dem Bezugsrahmen Jugend, Arbeit, Beruf und Gesellschaft dürfte damit in doppelter Hinsicht nachgewiesen sein. Sie ist die Basis für eine Reihe von arbeits- und berufssoziologischen Problemen wie sozialer Wandel, Mobilität, Professionalisierung und soziale Schichtung.

5.3.3 Subjektive und objektive Determinanten der Sozialisation in Arbeit und Beruf

Jener Prozeß, der den Menschen mit der Gesellschaft, mit Wirtschaft und Kultur verbindet, wird, wie wir gesehen haben, Sozialisation genannt. In einem modernen Industriesystem kommt diesem Zusammenhang besondere Bedeutung zu, weil im Arbeits- und Berufsleben die Gesellschaft mit ihren unterschiedlichen Wirkungsbereichen fordernd und bestätigend dem Individuum gegenübertritt. Die Sozialisation als sozialer Prozeß und Rolleninternalisierung wird dabei durch Faktoren in Gang gesetzt und gefördert oder auch gehemmt, die sowohl subjektiven wie objektiven Ursprungs sein können, d. h. sie sind im einzelnen Menschen angelegt und werden von der Umwelt aktiviert.

Besonders innere Faktoren des Menschen wie Begabung, Eignung, Neigung usw. können je nach dem Standard der Sozialisation primäre Bedeutung erlangen. In der soziologischen Literatur wird der Sozialisationsbegriff für die Kindheits- und Jugendphase vielfach auf Umweltbezogenheit beschränkt, d. h. auf exogene Ursachen. Man sieht die Beziehungen zwischen Individuum, Gesellschaft und Kultur einseitig unter dem Zwang der Anpassung an die Normen der Gesellschaft und übersieht dabei, daß selbst in dieser Phase gewisse Eigenkräfte wach werden können, die zur Frustration führen, wenn sie nicht in die Sozialisationsmechanismen einbezogen werden. Stereotypen wie Trotzalter und Flegeljahre sind bezeichnend dafür, wie dominierend die Vorurteile von der Passivität des Kindes und Jugendlichen in diesem Lebensabschnitt ist. In der von uns so genannten bilateralen Phase, in der der Mensch sich mit seiner sozialen Umwelt auseinanderzusetzen hat, müssen die im Menschen angelegten Fähigkeiten schon so weit aktiviert sein, daß er in der Welt der Büros und Betriebe bestehen kann. In der autonomen Phase ist für die arbeits- und berufsbezogene Sozialisation dieses Selbstbewußtsein in Verbindung mit fachlicher und funktionaler Autorität ausschlaggebend. Von diesen Überlegungen zum Thema Sozialisationsfaktor Arbeit und Beruf ausgehend wollen wir subjektive und objektive Determinanten des Sozialisationsprozesses in Arbeit und Beruf unterscheiden.

Bei den subjektiven Determinanten begegnen wir jenen Faktoren, von denen Entscheidungen an der Schwelle zwischen Arbeit und Leben seit eh und je beeinflußt worden sind und die in der soziologischen Literatur einen breiten Raum einnehmen. Es sind Eignung, Neigung und Berufswunsch. Um bei ihrer Analyse keine falschen Erwartungen aufkommen zu lassen, sei betont, daß wir sie nicht als Elemente einer Berufsberatung behandeln, die ja nur in der Aufgabe eines exogenen Sozialisationsfaktors in Betracht käme, sondern als potentielle Anlagen der Sozialisation. Die objektiven Determinanten sind zweifacher Natur, einmal von Arbeit und Beruf her, zum anderen von gesamtgesellschaftlichen außerberuflichen Bereichen, z. B. gesellschaftliche Wertordnung, Wirtschaftslage, betriebliches

Ausbildungswesen und Bildungssituation. Objektive Bestimmungsfaktoren sind Leitbilder, Leistungsanforderungen, Rollenspielraum, Aufstiegsmöglichkeiten, Verdienstchancen und Sicherheit der Position.

Die Eignung wird an zwei Maßstäben gemessen: der personalen Leistungsstruktur und den objektiven Anforderungen der Arbeits- und Berufswelt. Man kann sie definieren als personalen Wirkungszusammenhang von Fähigkeiten und Fertigkeiten in der individuellen Antriebs- und Motivationsstruktur, die eine optimale Anpassung an spezifische Leistungsnormen ermöglichen [71, S. 54]. Diese Begriffsbestimmung entspricht der Auffassung der älteren Soziologie und enthält nicht die soziale Komponente der Eignung, die in der Arbeits- und Berufssoziologie mit den personalen Komponenten gleichgewertet wird. Ohne einen sozialen Bezug der Eignung wäre die Determinationsqualität dieses Begriffs zu begrenzt, um der kontinualen Denkweise gerecht zu werden. Es ist hier nicht der Ort, auf die einer solchen komplexen Auffassung entsprechenden Probleme der Eignungspsychologie einzugehen, denn das gehört nicht zu unserem Thema. Deshalb sei nur der Hinweis gestattet, daß moderne Methoden der Eignungsuntersuchung diese sozialen Merkmale methodisch konzipieren. Durch diese Ausweitung der Auffassung von Eignung und Testbereich werden gerade solche Anlagen und Voraussetzungen erfaßt, die für das kooperative Arbeitssystem der Industriegesellschaft von besonderer Bedeutung sind. Damit kommt hier bereits ein Teil objektiver Determinanten ins Spiel, denn Eignungsanforderungen werden von überindividuellen Dienststellen, Organisationen und Institutionen ermittelt und in Berufsbildern sozusagen verbindlich gemacht. Nicht nur öffentliche Dienststellen wie die Arbeitsämter bzw. die von der Bundesanstalt für Arbeit zu diesem Zweck geschaffenen Sondereinrichtungen, sondern auch offizielle und private Organisationen, z. B. die Industrie- und Handelskammern, Handwerkskammern, natürlich auch Kammern der freien Berufe für Ärzte und Apotheker und nicht zuletzt die Gewerkschaften befassen sich damit. Die Eignung ist also ein Sozialisationsfaktor mit Entfaltungsspielraum, der sowohl vom Individuum wie vom Berufsbild aus unterschiedlich sein kann. Je kleiner der Spielraum ist, desto genauer läßt sich die Arbeits- und Berufsrichtung fixieren, je größer, desto weniger konkret ist auch das Berufsbild. Mit Rücksicht auf die Mobilität in der Industriegesellschaft hat sich die Tendenz herausgebildet, dem Eignungsbegriff einen weiteren Deutungsbereich zu geben und damit einer Rollenvielfalt oder einem Rollenset zu entsprechen, die einer möglichst allgemeinen Brauchbarkeit und sozialen Elastizität gerecht werden. In diese weite Konzeption können dann auch jene anderen Determinanten einbezogen werden, die von der Arbeits- und Berufseignung aus den Sozialisationsprozeß beeinflussen, etwa die Alternativen von Selbständigkeit und Abhängigkeit, Sicherheit und Risiko, Status und Prestige einer Position.

Während Eignung bis zu einem gewissen Grade testbar ist, kann man bei der Neigung nur Ansätze, Richtungen, Tendenzen erkennen, die sich sozialisierend auswirken können. Je mehr solche Neigungen mit den Eignungskomponenten und den Richtkräften des Menschen übereinstimmen, desto intensiver kann die Wirkung für die berufliche Sozialisation sein. Eine eindeutige Zuordnung von Neigung, Arbeit und Beruf ist nur in seltenen Fällen möglich, etwa bei Sonderbegabungen für wissenschaftliche, künstlerische und gesellschaftspolitische Aufgaben. Im allgemeinen herrscht hier auch wie bei der Eignung die Breite und Tiefe eines Neigungsspielraums. Um diese auszuloten, haben Psychologie und Soziologie Methoden entwickelt, mit denen berufliche Neigung unmittelbar oder mittelbar provoziert werden kann, indem man zu Stellungnahmen gegenüber bestimmten Tätigkeiten und Positionen, zu positiven oder negativen Reaktionen auf bestimmte Fachgebiete, Freizeitbeschäftigungen und Alltagsaufgaben anregt. Im übrigen wird die Neigung in der Gegenwart nicht mehr so sehr von traditionellen und immateriellen Vorstellungen beeinflußt, sondern auch von Verdienstspanne, Arbeitszeit und Freizeit sowie der sozialen Sicherheit.

Im optimalen Falle kann der Berufswunsch mit Eignung und Neigung übereinstimmen, bzw. sich aus ihnen ergeben, und damit zu einem richtunggebenden Sozialisationsfaktor werden. Für diesen Identitätsgrad ist das Lebensalter bedeutsam, in dem solche Wünsche wach werden. Bis zum elften Lebensjahr sind sie im allgemeinen nicht mehr als spontane Impulse aus zufälligen ersten Erlebnissen. Zwischen dem elften und siebzehnten Lebensjahr tritt an die Stelle der spontanen Phantasie die Überlegung, d. h. der Berufswunsch wird zu einem Problem. Es konfrontieren hier Interessen, Fähigkeiten und Wertvorstellungen, teils personaler, teils sozialer Natur, und führen zu Motivations- und Rollenkonflikten. Da solche Konflikte normalerweise endogener Natur sind, gewinnen die exogenen Sozialisationsfaktoren zu ihrer Lösung mit zunehmendem Alter an Bedeutung. Das sind Aufgaben der Information und Aufklärung, die hier nur gestreift werden können. Sie betreffen Art und Richtung der Orientierung, die sowohl von der Kindheitsphase spontaner Impulse als auch von rationalen Gesichtspunkten beeinflußt werden können. Man sagt, die heutige Jugend ist in ihren Berufs- und Lebenserwartungen nüchterner, sachlicher geworden, was dieser rationalen Orientierung entsprechen würde. Ebenso ist die Beziehung zur Realität, sowohl der persönlichen Leistungsfähigkeit wie auch der Chancen im Arbeitsleben, ein rationaler Bereich der Wunschsituation. Mag sein, daß diese rationale Einstellung in der Phase zwischen elf und siebzehn Jahren bereits in Erscheinung tritt und eventuell häufiger als früher. An sich ist sie ein Charakteristikum der bilateralen Phase, in der die realistische Orientierung immer mehr herausgefordert wird.

Sozialisation und Rollenqualität von Arbeit und Beruf sind eng aufeinander bezogen. Sie korrelieren insofern miteinander, als Grad und Erfolg im allgemeinen auch Basis für die soziale Rollenstruktur des Individuums sind und zugleich als ein Determinationssystem für Status und Prestige einer Position wirken können. Die Frage nach der Status- und Prestigeordnung geht auf die im ersten Teil behandelte begriffliche und funktionale Bedeutung der Professionalisierung und ihre Graduierungsprobleme im Kontinuum zwischen Arbeit und Beruf zurück. Wir wiederholen deshalb, daß soziale Rolle und Status sich in jeder Position nach dem objektiven Bezugssystem der betreffenden Sozialordnung wie auch nach dem individuellen Wertsystem richten.

5.3.4 Gesellschaftliche Leitvorstellungen als Sozialisationsfaktoren

Im Arbeits- und Berufsleben entfaltet sich für die Mehrheit der Bevölkerung das Ordnungsbild der Gesellschaft und vollzieht sich der Prozeß der Assoziation und Assimilation an diese Ordnungsvorstellungen und ihre Normen. Dafür sind zeit- und systemgebundene Leitbilder maßgebend, zwischen denen der einzelne Mensch sich entscheiden kann. In den Entscheidungsphasen wird durch Motivations- und Normenkonflikte sein Verhältnis zur Arbeits- und Berufswelt und zur Gesellschaft überhaupt geprägt. Außer den Diskrepanzen zwischen verschiedenen konkurrierenden Leitbildern sind Konflikte zwischen den Zielvorstellungen des Arbeitslebens und den Chancen, die die Realität dieses Lebens zu bieten vermag, zu lösen, ferner solche zwischen Arbeits- und Berufszielen und den eigenen Fähigkeiten, zwischen dem Grad der Ausbildung und dem Anforderungsniveau des betrieblichen Alltags, zwischen humanbezogenen Arbeitsbereichen und sachbezogenen in der Maschinen- und Bürowelt. Es sind letztlich Auseinandersetzungen des einzelnen und seiner sozialen Umwelt mit der vorgefundenen Ordnung und den Leitvorstellungen der Gesellschaft. Dazu gehören zunächst Wertvorstellungen und Normen für Grundrechte und Grundsätze des Arbeitslebens, z. B. die freie Arbeitsplatz- und Berufswahl nach Artikel 12 des Bonner Grundgesetzes [23], eines der demokratischen Grundrechte in der Erklärung der Menschenrechte, ferner Leistungsnormen, Aufstiegsdenken und Erfolgsleitbilder, wie sie die Schule und die verschiedenen Bildungsebenen vertreten. Aber diese gesellschaftlichen Leitvorstellungen sind im Gegensatz zur Vergangenheit nicht mehr allgemeingültig, und zwar aus verschiedenen Gründen. Einmal hat der Arbeitsplatzwechsel infolge der rapiden technischen Entwicklung institutionalisierte Formen angenommen, während er früher vielfach als Unzuverlässigkeit, Unfähigkeit und Untreue angesehen wurde. Zum anderen haben die Bezugsgruppen und -systeme, wie Familie, Schule, Besitz, Erbschaft, Schicht, kein Verhältnis mehr zur Wirklichkeit der Arbeits- und Berufswelt, weil sie in räumlich, zeitlich und wertmäßig getrennten Bereichen agieren. Dadurch fehlen vielfach Voraussetzungen personaler Selbstverwirklichung, d. h. Grundlagen der bilateralen und autonomen Phase. Wenn man hinzunimmt, daß auch die Autoritätsstruktur in der modernen Gesellschaft in allen Bereichen des Zusammenlebens vom sozialen Wandel erfaßt ist, daß Eltern und ältere Generation an personaler Autorität verloren haben, so ist es kein Wunder, wenn der Stellenwert von Arbeit und Beruf gegenüber anderen Lebenssphären in Leitfähigkeit und damit Sozialisationspotenz zurückgegangen ist und keinen entscheidenden Beitrag zur Verhaltenssicherung leisten kann.

Zum ersten Mal in der Geschichte, nicht nur der deutschen, sondern aller ausgereifter Industriegesellschaften, stehen drei Generationen der Unsicherheitsproblematik einer gemeinsamen Zeit gegenüber. Die Erhöhung des durchschnittlichen Lebensalters auf 70 Jahre und mehr, der kontrastierende Erfahrungsspielraum der lebenden Generationen und vieles andere haben für die Arbeits- und Berufsentscheidung der heutigen Jugend eine Situation geschaffen, die, wie gesagt, einmalig ist.

Diese Unsicherheitsproblematik bezieht sich auch auf berufliche Leitbilder, die in der vorindustriellen Gesellschaft standesbezogen waren, sich in der wachsenden Industriegesellschaft mehr und mehr schichtenspezifisch orientierten, z. B. am Beruf des Vaters oder der näheren sozialen Umwelt, aber heute durch die regionale und soziale Mobilität der modernen Gesellschaft weitgehend versagen. Dafür lassen sich drei Gründe anführen. Der erste betrifft den allgemeinen Stellenwertverlust von Arbeit und Beruf gegenüber anderen Lebensbereichen. Wenn Freizeit Zentralwert einer Sozialordnung wird, dann haben berufliche Leitbilder nur noch sekundäre oder tertiäre Bedeutung. In einer Freizeitgesellschaft treten Hobbys und sogenannte Freizeitberufe an ihre Stelle. Ansätze dazu können wir an verschiedenen Leitvorstellungen und Leitbildern der neuen Generation beobachten, etwa bei der Chance, durch Teilnahme an Veranstaltungen für Jugendförderung, die nicht beruflich orientiert sind, mit mehr oder weniger Erfolg einen neuen Lebensweg zu finden: z. B. bei Talentwettbewerben auf musischem Gebiet, die allen offen stehen, oder durch Aktionen wie „Jugend forscht“. Viel größere Bedeutung hat in dieser Richtung natürlich der

Sport durch den Weg zum sogenannten „Profi“. Der zweite Grund für die Entbehrlichkeit von Leitbildern kann die Einstellung zu Arbeit und Beruf als reiner Versorgungschance sein. Wenn es schon in jugendlichen Jahren gleichgültig ist, welche Tätigkeit mit welchen Voraussetzungen man haben wird, wenn sie nur ein gutes Einkommen und eine Sicherheit bis ins Alter bietet, dann spielen andere Leitbilder keine Rolle mehr. Ähnlich ist es zu beurteilen, und damit sprechen wir den dritten Grund an, wenn das traditionelle Aufstiegsdenken in deutschen Familien, vor allen Dingen des Mittelstandes, sich nur an Karriere orientiert, ohne Rücksicht darauf, ob der Beruf dem Jugendlichen zusagt oder nicht.

Es wäre aber ein totaler Fehlschluß, mit diesen drei Gründen das Thema Leitbilder als überholt anzusehen, denn dann wären alle Bemühungen, durch Verbesserung arbeitskundlicher Informationen und Konsultationen, durch berufsvorbereitenden Schulunterricht den Nachwuchsgenerationen Entscheidungsalternativen anzubieten, überflüssig. Solche Leitbilder werden als Sozialisationsfaktoren so lange ihre Bedeutung behalten, so lange Arbeit und Beruf trotz ihres gesunkenen Stellenwerts in der öffentlichen Meinung mit Eignung und Neigung koordiniert und identifiziert werden können. Dabei müssen wir aber zwei Arten solcher Leitbilder unterscheiden, nämlich personale und funktionale. Zu den auf bestimmte Personen ausgerichteten Wunschvorstellungen gehören Vater- und Verwandtenpositionen, deren Entfunktionalisierung wir schon verschiedentlich angeführt haben. Auf mittleren und höheren Ebenen können mehr oder weniger zufällige Begegnungen mit Berufsangehörigen, die durch ihre Persönlichkeit auf Jugendliche einzuwirken vermögen, einen Sozialisationsprozeß auslösen. Wir denken dabei an Eindrücke, die junge Menschen außerhalb ihrer engeren sozialen Umwelt, etwa in Jugend-Freizeiten, im Krankenhaus, im Vereinsleben oder auch durch Massenkommunikationsmittel, vor allem das Fernsehen, gewinnen. Über diese zufälligen, aber richtunggebenden Begegnungen hinaus sind dann Persönlichkeiten des öffentlichen, des kulturellen und wirtschaftlichen Lebens in Gegenwart und Vergangenheit noch als personale Leitbilder denkbar. In weniger stark mobilen Zeiträumen wurden solche Persönlichkeiten schon im Schulunterricht oder sogar im Elternhaus als Ideale und Idole des künftigen Lebensweges und individueller Lebensziele nahe gebracht. Es scheint in dieser Richtung insofern ein sozialer Wandel eingetreten zu sein, als die Distanzierung der jungen Generation von Persönlichkeiten der Vergangenheit und Gegenwart die Wirksamkeit personaler Leitbilder stark einschränkt, wenn nicht sogar das Gegenteil bewirkt. Dafür treten im außerschulischen Bereich Substitute, etwa aus dem Showbusineß, aus Erfolgsmeldungen von Schallplatten und anderen Informationsquellen in den Vordergrund. Hier fehlt es noch an einer systematischen Substitutionsforschung für arbeits- und berufbezogene Sozialisationsalternativen, die nicht nur Hobby und Freizeit betreffen.

Nachdem ohnehin die Vorstellungen der bürgerlichen Gesellschaft von den Eliten kaum noch reale Bedeutung haben und durch Begriffe wie Establishment zur Opposition herausfordern, nachdem auf der anderen Seite aus den soeben angedeuteten Wirkungen von Show und Fernsehen keine Dauerreaktionen zu erwarten sind, muß man die Frage stellen, ob es anstelle der personalen Leitbilder funktionale Faktoren gibt, die das arbeit- und berufsuchende Denken junger Menschen und auch von Erwachsenen noch beeinflussen können. Wir meinen hier nicht etwa eine neue Funktionselite oder Leistungselite, die wiederum personal bedingt wären, sondern das elementare Interesse an bestimmten sozialen Aufgaben und Rollen im eigenen oder auch im Interesse anderer. Die Frage lautet also so, ob bestimmte Tätigkeiten, die in vielerlei Arbeits- und Berufspositionen vorkommen und dort zentrale Wertvorstellungen ansprechen, leitbildhafte Auswirkungen haben können, die für die Sozialisation richtunggebend sind. In der soziologischen Literatur finden sich dafür nur wenige empirische Untersuchungen. Aus diesem Grunde erscheint es naheliegend, funktionale Leitbilder aus den Wünschen von Ratsuchenden selbst abzuleiten. Dazu bietet die moderne Gestaltung der Berufsberatungsstatistik der Bundesanstalt für Arbeit gute Ansätze, wie sich aus folgenden Funktionsbeispielen für männliche und weibliche Ratsuchende ergibt:

Funktionale Leitbilder

männliche Ratsuchende	weibliche Ratsuchende
werkend gestalten	lehren, helfen, pflegen
konstruieren, montieren, reparieren	verwalten, buchen, schreiben
verwalten, buchen, schreiben	werben, verkaufen
werben, verkaufen	werkend gestalten
lehren, helfen, pflegen	Dienstleistungen
beobachten, untersuchen, forschen	beobachten, untersuchen, forschen

Die Frage nach der unterschiedlichen Wirksamkeit und damit auch der Rangordnung der vorstehenden Funktionen im Bewußtsein der Ratsuchenden läßt sich nicht einfach in der vorstehenden Reihenfolge beantworten. Wohl aber können die jeweils an den beiden ersten Stellen genannten Tätigkeiten (für männliche Ratsuchende: werkend gestalten und konstruieren, montieren, reparieren; für weibliche: lehren, pflegen und verwalten, buchen, schreiben) als Leitbilder ersten Ranges angesehen werden. Das ist zwar keine überraschende Entdeckung, zeigt aber immerhin, daß solche Wunschbilder geschlechtsspezifisch sind und damit einen gewissen traditionellen Wert haben. Im übrigen ist aus den Kommentaren zu Veränderungen dieser Rangordnungen zu entnehmen, daß sowohl für männliche wie weibliche Ratsuchende der Trend mehr und mehr zu den Funktionen verwalten, buchen, schreiben sowie beobachten, untersuchen, forschen geht, also einerseits in Richtung tertiärer Sektor orientiert, andererseits mit wissenschaftlichen Interessen verbunden ist. Für den letztgenannten Funktionsbereich, der mit der zunehmenden Verwissenschaftlichung der modernen Gesellschaft parallel gesehen werden kann, soll man nicht allzu irreale Motivationen annehmen, denn nach den letzten quantitativen Ergebnissen sind es immerhin fast 30 000, darunter 12 000 weibliche Ratsuchende, für die solche wissenschaftlichen Aufgaben alternative Relevanz haben.

Die vorstehenden funktionalen Leitbilder lassen sich natürlich nicht ohne weiteres auf alle Ratsuchenden beziehen, da es eine nicht geringe Anzahl von unbestimmten Wünschen gibt. Immerhin scheint das allgemeine Bild von einer Jugend, der es mehr auf Freizeit oder Bequemlichkeit und Verdienen als auf Arbeit und Anforderungen ankommt, nicht zu stimmen. Desgleichen sind herkömmliche Leitbildzuordnungen wie Mut und Abenteuer oder Mode offenbar nicht mehr realistisch. Damit haben wir nur wenige Andeutungen für die Möglichkeit eines sozialen Wandels in solchen Leitbildern gemacht, die keineswegs Anspruch auf Allgemeingültigkeit haben können. Vom Standpunkt der arbeits- und berufsorientierten Sozialisation aus wollten wir hier nur die Problematik gesellschaftlicher Leitvorstellungen und beruflicher Leitbilder in der Gegenwart betonen, die ein noch wenig erschlossenes Forschungsgebiet der Arbeits- und Berufssoziologie ist.

6. Arbeit und Beruf in der postindustriellen Gesellschaft

6.1 Sozialer Stellenwert von Arbeit und Beruf

Von der Frage ausgehend, was den Menschen am meisten und intensivsten mit der Umwelt und der Gesellschaft verbindet, kommt die Mehrheit der Soziologen zu dem Ergebnis: nicht die Familie, sondern Arbeit und Beruf. In der Tat ist jeder Mensch mittelbar oder unmittelbar durch Arbeit jeder Art mit dem gesellschaftlichen Leben verbunden: mittelbar in der Familie durch Arbeit und Verdienst der erwerbstätigen Familienmitglieder, in der Schule durch die Institution und ihre Anforderungen, durch die Ausrichtung von Unterricht und Lernen auf das künftige Leben und das soziale System. Am unmittelbarsten ist der Sozialkontakt in der beruflichen Ausbildung, durch die Tätigkeit in Betrieb und Büro und teilweise durch die Zugehörigkeit zu beruflichen Verbänden und Organisationen.

Trotz dieses arbeits- und berufsbezogenen Kontaktfeldes für den einzelnen Menschen zur sozialen Ordnung gibt es in der modernen Gesellschaft Gruppen, die Arbeit und Beruf als zeitbedingte Erscheinungen und als Leistungsanforderungen bestimmter Gesellschaftsmodelle deklarieren. Zum Beweis dieser These benutzen sie Beispiele von Naturvölkern verschiedener Erdteile, die bis in die Gegenwart hinein ihr Dasein und den Lebensunterhalt auf natürlichste Weise mit Jagd und Fischfang und anderen Gaben der Natur ohne Arbeit, ohne bildungsmäßige und praktische Voraussetzungen erhalten; andere Beweise für entwickeltere Gesellschaftsordnungen beziehen sie auf die Chancen der vollen Automatisierung (Fabrik ohne Menschen, vollmechanisierter Haushalt, Büroautomation), die eine Mitarbeit des Menschen überflüssig machen soll. Sie geben Prognosen für Arbeitszeiten bis zum Jahre 2000, die Drei-Tage-Wochen und weniger bis zu einem Nulltarif an Arbeitszeit erwarten lassen. Damit wird eine Gesellschaft ohne Arbeit und Beruf als eine futurale Realität angesehen, die Freizeitgesellschaft als Zeitalter des Nichtstuns wird von ihnen erwartet, in der die Arbeits- und Berufswelt ihren Einfluß völlig verliert. Als einzigen Produktionszweig der postindustriellen Gesellschaft sehen sie allein die Produktion von Freizeitgütern, die im Stadium der Wohlstandsgesellschaft die Aufgabe haben, das „Schöner-zu-Leben" zu realisieren im Dienste der Lebensqualität.

Andere soziale Gruppen leugnen zwar nicht, daß eine Gesellschaft ohne Arbeit nicht überleben kann, behaupten aber eine derartige Abwertung durch den Verfall der hinter Arbeit und Beruf stehenden Wertmuster wie Leistungsstreben, Bildungsbewußtsein, Aufstiegswille, daß diese in der künftigen Gesellschaftsordnung nur noch eine untergeordnete Bedeutung haben werden, sozusagen die Aufgabe einer Hilfsfunktion für die Existenzsicherung von Individuum und Gesellschaft. Sie verweisen dazu auf das zuvor begründete zeitliche und vitale Vordringen anderer Lebenswerte, vor allem der Freizeit, des Hobbys, der zunehmenden Chancen sogenannter „Freizeitberufe" in der Unterhaltungskunst, im Sport, im Tourismus. Sie stellen fest, daß Arbeit und Beruf die Bedeutung als lebenslange Existenzsicherung auf einer professionellen Basis verloren haben. Bisher hat der Mensch sich in der Arbeitszeit verwirklicht, in der Zukunft soll er sich nur noch in der Lebenszeit verwirklichen.

Unter solchen Umständen scheint folgende spezielle Rechtfertigung der Arbeits- und Berufssoziologie erforderlich zu sein.

1. Für die Integration der einzelnen in die Gesamtgesellschaft gibt es auf unabsehbare Zeit keine Ersatzfunktionen für Arbeit und Beruf. Eine Reduzierung dieser Integrationspotenz auf die Familie erscheint schon deshalb ausgeschlossen, weil die das soziale Leben betreffenden Aufgaben der Familie auf gesellschaftliche Institutionen und Handlungsbereiche übergegangen sind und in Zukunft noch weiter übergehen werden.

2. Alle beobachtbaren Tendenzen in der modernen Gesellschaft sprechen dafür, daß Arbeit und Beruf zwar quantitativ, in der Zeitordnung des Menschen und seiner sozialen Umwelt, an Rang verlieren werden, aber qualitativ über den heutigen Standard hinaus kompensieren: die progressive Reform des Bildungswesens, insbesondere die Verbesserung der Berufsausbildung, die Qualifizierung von Arbeitsberatung und Berufsförderung, der Ausbau von Fachhochschulen und wissenschaftlichen Hochschulen und damit die zunehmende Qualifizierung des Nachwuchses überhaupt.

3. Im unmittelbaren Bereich von Arbeit und Beruf, also in Büro und Betrieb, zeichnen sich Entwicklungen ab, die technologisch und betriebsorganisatorisch bedingt sind: Untersuchungen über die Automation lassen einerseits eine Entlastung körperlicher Leistungsanforderungen, einen Rückgang von Hilfsarbeiterstellen und eine Ablösung monotoner Arbeitsvollzüge erkennen. Auf der anderen Seite steht eine Requalifizierung bestimmter, durch Maschinen vielfach mechanisierter Arbeitsbereiche, z. B. im tertiären Sektor, eine Zunahme fachlicher Leistungsanforderungen und eine Verwissenschaftlichung in Betrieb und Verwaltung. Der eskalierende Mangel an Arbeitskräften wirkt sich als ein Sachzwang der Automatisierung und Verwissenschaftlichung in allen Bereichen von Arbeit und Beruf aus.

4. In gesamtgesellschaftlicher Perspektive sind es vor allem zwei stringente Prozesse, die ein neues upgrading von Arbeit und Beruf in der modernen Gesellschaft erwarten lassen: einmal

der Prozeß der Demokratisierung aller Sozialbereiche durch breitere Mitbestimmungsrechte, deren Ausübung Bildungs- und Berufsqualitäten erfordert; zum anderen die Entwicklung zur Expertokratie, die nur scheinbar im Widerspruch zur Demokratisierung steht, deren zwangsläufige Voraussetzungen die breiteste Heranbildung von Sachkundigen und Sachverständigen ist.

5. In einer ausgereiften Arbeits- und Berufsgesellschaft werden auch Humanwissenschaften wie die Arbeits- und Berufssoziologie an Bedeutung gewinnen und das Leben in Büro und Betrieb attraktiver machen.

In der soziologischen Literatur wird diese Standortbestimmung von Arbeit und Beruf in der künftigen Gesellschaft vielfach damit begründet, daß beide zu den Quellen der personalen und sozialen Identität des modernen Menschen gehören. Vor allem der Rollensektor der Arbeit gibt dem Individuum das Gefühl, als soziales Wesen zu leben, und der Verbundenheit mit einem sozialen System [60, S. 86].

6.2 Arbeit und Beruf als Determinanten künftiger Lebensqualität

Arbeits- und berufssoziologische Denkprozesse sind ihrem Wesen entsprechend entwicklungs- und zukunftsorientiert. Die Jugendlichen von heute sind die Träger und Positionsinhaber der Arbeits- und Berufsgesellschaft von morgen. Für den modernen Menschen ist die Zukunft zum beherrschenden Lebensinteresse geworden, das sich an die Hoffnung auf äußeren und inneren Fortschritt hält. Mit der zunehmenden Ersetzung gewachsener Ordnungen durch machbare sekundäre Systeme wird der Mensch der Gegenwart mehr und mehr auf die Zukunft hingewiesen und verlangt deshalb nach immer genaueren und fundierten Informationen, die er frei von jeder Mythologie rational verarbeiten und einordnen kann. Zur Entwicklung eines solchen Weltbildes und zur verstandesmäßigen Orientierung gegenüber der Zukunft kann die Arbeits- und Berufssoziologie einen bedeutenden Beitrag leisten, wenn sie sich an den wissenschaftlich vertretbaren Ergebnissen und Prognosen der Zukunftsforschung orientiert. Das Modell dieser Forschung heißt „postindustrielle Gesellschaft“. Ihre Merkmale und Elemente sind inzwischen in zahlreichen Veröffentlichungen analysiert und demonstriert worden. Sie beziehen sich auf folgende kurzgefaßte und sehr generelle Tendenzen:

- Bevölkerungszunahme mit einer jährlichen Zuwachsrate von 1 % in Industrieländern und 2,5 bis 3 % in Entwicklungsländern;
- Verstädterung zu großen Ballungsräumen mit einer Gewichtsverschiebung zugunsten städtisch orientierter Arbeitsplätze;
- Abnahme der primären und sekundären Sektoren in Landwirtschaft, Grundstoffgewinnung und in produzierenden Bereichen;
- Zunahme der tertiären und quartären Sektoren im privaten und öffentlichen Dienstleistungsbereich;
- Ausweitung und Differenzierung von Bildung und Erziehung in Richtung auf Strukturveränderungen der Gesellschaft;
- Vermehrung wissenschaftlicher und technologischer Kenntnisse mit weitreichenden Auswirkungen auf Arbeits- und Beschäftigtenstruktur;
- zunehmender Einfluß wissenschaftlicher Intelligenz und Eliten (Technokratie im weitesten Sinne);
- zunehmende Institutionalisierung sozialen Wandels durch ökonomische und soziale Planung;
- wachsender Wohlstand und mehr Freizeit.

Diese Prognosen bilden einen in sich zusammenhängenden arbeits- und berufsorientierten Komplex der Umstrukturierung der Industriegesellschaft bis zum Jahre 2000. Nach einem Wort von Georg Picht [64, S. 10] kann der Mensch zum Produzenten seiner eigenen Zukunft werden, weil Wissenschaft und Technik die künftige Zivilisation bestimmen. Das würde bedeuten, daß eine neue Konzeption von der „Qualität des Lebens“ realisierbar wird. Für unser arbeits- und berufssoziologisches Denken ist das Fehlen dieses Bereiches in der Konzeption eine auffallende Erscheinung. Es würde bedeuten, daß in Zukunft, ja schon in der Gegenwart, Arbeit und Beruf mit ihren Chancen und Risiken nicht mehr zu den Qualitätsindikatoren des Lebens zählen. Immerhin haben nach der Quelle [83, S. 4] die Autoren vierzehn Länder nach Indikatoren getestet und sind dabei zu einer Rangfolge gelangt, die für sechs Länder, von Canada bis zur Schweiz, mit einer künftigen Verbesserung der Lebensqualität und für die übrigen acht von Japan bis zur Bundesrepublik Deutschland und Belgien mit einer zunehmenden Verschlechterung rechnet. Wie dem auch sei und was man von solchen Qualitätsindikatoren halten mag, wir können bis zum Beweis des Gegenteils vom Ausgangspunkt dieses Weges durch die Welt von Arbeit und Beruf an dabei bleiben, daß beide auch in der Zukunft unentbehrliche Faktoren und Stabilisatoren sozialer Systeme und der postindustriellen Gesellschaft sein werden. Diese Perspektive ist aber nach Ansatz und Denkweise dieser Schrift an die Voraussetzung gebunden, daß die kontinuale Konzeption der Beziehung zwischen Arbeit und Beruf und ihre Umsetzung durch soziale Planung, Beratung und Erfüllung von entsprechenden Leitvorstellungen realisiert wird. Das gegenwärtige Arbeits- und Berufssystem enthält noch soviele Hürden und Hindernisse für fließende Übergänge, daß man eher von einer Sackgassengesellschaft als einer offenen Gesellschaft sprechen kann.

1. Schema soziologischer Begriffe

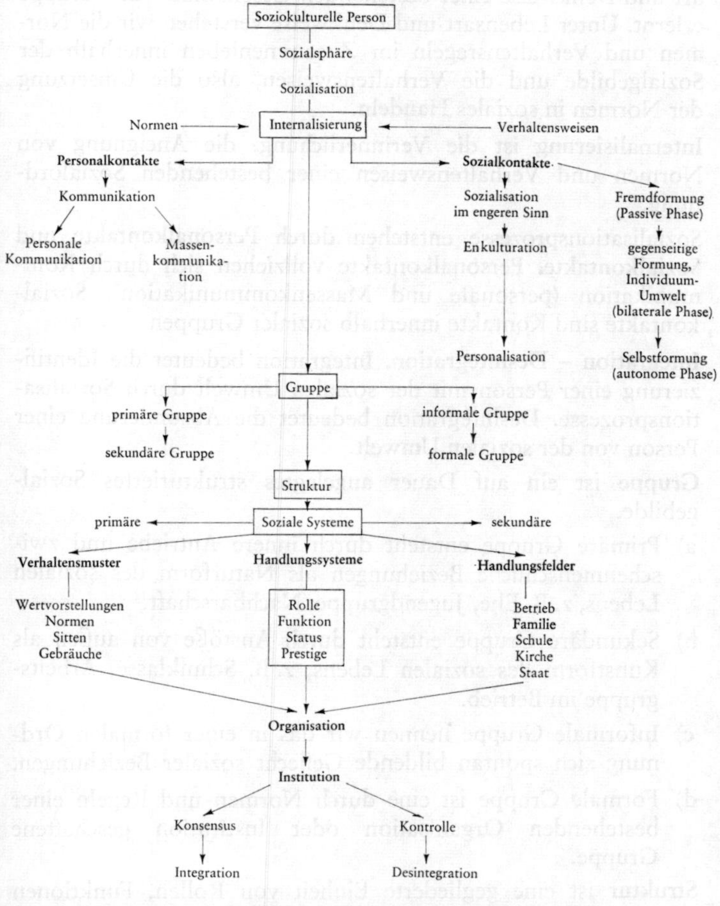

2. Definitionen soziologischer Begriffe zum Schema

Soziokulturelle Person ist die durch Sozialisationsprozesse in Gesellschaft und Kultur integrierte Person.

Sozialsphäre nennen wir die Sphäre der zwischenmenschlichen Beziehungen, in denen Sozialisationsprozesse ablaufen.

Sozialisation ist der Prozeß, in dem das Individuum die Lebensart und Denkweise einer bestehenden Gesellschaft oder Gruppe erlernt. Unter Lebensart und Denkweise verstehen wir die Normen und Verhaltensregeln im Zusammenleben innerhalb der Sozialgebilde und die Verhaltensweisen, also die Umsetzung der Normen in soziales Handeln.

Internalisierung ist die Verinnerlichung, die Aneignung von Normen und Verhaltensweisen einer bestehenden Sozialordnung.

Sozialisationsprozesse entstehen durch **Personalkontakte** und **Sozialkontakte.** Personalkontakte vollziehen sich durch Kommunikation (personale und Massenkommunikation). Sozialkontakte sind Kontakte innerhalb sozialer Gruppen.

Integration – Desintegration. Integration bedeutet die Identifizierung einer Person mit der sozialen Umwelt durch Sozialisationsprozesse. Desintegration bedeutet die Absonderung einer Person von der sozialen Umwelt.

Gruppe ist ein auf Dauer angelegtes strukturiertes Sozialgebilde.

a) Primäre Gruppe entsteht durch innere Antriebe und zwischenmenschliche Beziehungen als Naturform des sozialen Lebens, z. B. Ehe, Jugendgruppe, Nachbarschaft.

b) Sekundäre Gruppe entsteht durch Anstöße von außen als Kunstform des sozialen Lebens, z. B. Schulklasse, Arbeitsgruppe im Betrieb.

c) Informale Gruppe nennen wir das in einer formalen Ordnung sich spontan bildende Geflecht sozialer Beziehungen.

d) Formale Gruppe ist eine durch Normen und Regeln einer bestehenden Organisation oder Institution geschaffene Gruppe.

Struktur ist eine gegliederte Einheit von Rollen, Funktionen und Positionen. **Sozialstruktur** ist ein Gefüge von wiederkehrenden und nach bestimmten Regeln ablaufenden Interaktionen zwischen zwei oder mehr Personen.

Soziales System ist ein durch Regeln, Normen, Verhaltensmuster, Handlungsfelder und Handlungssysteme gefestigtes

Gefüge. Dabei unterscheiden wir primäre und sekundäre Regelsysteme, je nachdem, ob sie aus natürlichen oder machbaren Formen des sozialen Lebens bestehen.

Verhaltensmuster entstehen aus der Dauerhaftigkeit von Verhaltensweisen, die durch Wertvorstellungen und Normen bewirkt wird. Wertvorstellungen sind letzte Motivationen sozialen Handelns und Grundlage von Normen, d. h. Verhaltensregeln für das Zusammenleben innerhalb sozialer Systeme.

Handlungsfelder sind Handlungs- und Verhaltensmuster in geschlossenen Formen, z. B. Familie.

Handlungssysteme sind dauerhafte Sozialformen von Handlungs- und Verhaltensmustern. Die Elemente dieser Systeme sind **Rolle,** d. h. Verhaltenserwartungen der Umwelt, **Funktion,** d. h. der Beitrag, den eine Person oder Gruppe zur Erhaltung oder Entwicklung sozialer Systeme leistet, **Status:** die Stellung einer Person oder Gruppe innerhalb eines Sozialgebildes, durch äußere Merkmale wie Titel, Einkommen, Ausstattung gekennzeichnet. **Prestige** ist das Ansehen und die Anerkennung einer Person oder Gruppe durch die soziale Umwelt als Summe von Rolle, Funktion und Status. Unter **Position** versteht man einen Rollenset mit interdependenter Komplexität.

Organisation ist ein höherer Grad der Verfestigung sozialer Systeme durch Dauerhaftigkeit, Zielgerichtetheit, Strukturiertheit und Mitgliedschaft. Die Organisation ist in ihrer Existenz unabhängig vom Wechsel der Mitglieder (z. B. Vereine, Gewerkschaften).

Institution ist ein Komplex von struktureller und strategischer Bedeutung für soziale Systeme mit einem höheren Grad der Verfestigung gegenüber der Organisation.

3. Stufenplan empirisch-soziologischer Untersuchungen

Der folgende Plan zeigt in vier Etappen und sechzehn Stufen den möglichen Ablauf empirisch-soziologischer Untersuchungen, wobei der Einsatz der Methoden in der 2. und 3. Etappe, nämlich Befragung, Beobachtung und Experiment, von der Fragestellung und dem Gegenstand der Untersuchung abhängt

Stufenplan empirisch-soziologischer Untersuchungen

I. Etage	II. Etappe	III. Etappe	IV. Etappe
Fragestellung und Objektbestimmung	Methodische Vorbereitung und Pretest	Feldarbeit	Auswertung
1. Stufe: Entwicklung der Fragestellung	**5. Stufe:** Bestimmung der Methoden: Beobachtung, Befragung und Experiment	**9. Stufe:** Stichprobenauslese (Sample)	**13. Stufe:** Systematische Sichtung und Ordnung des Materials
2. Stufe: Differenzierung der Fragestellung	**6. Stufe:** Vorbereitung des Instrumentariums der Befragung	**10. Stufe:** Durchführung der Befragungen	**14. Stufe:** Bearbeitung des Schlüssels
3. Stufe: Objektbestimmung	**7. Stufe:** Vorbereitung des Instrumentariums: Beobachtung und Experiment	**11. Stufe:** Durchführung von Beobachtungen und Experimenten	**15. Stufe:** Kodifizierung
4. Stufe: Objektanalyse	**8. Stufe:** Durchführung eines Pretests zur Prüfung des Instrumentariums	**12. Stufe:** Protokollierung des Materials (Beginn der „blinden Phase“)	**16. Stufe:** Quantitative und qualitative Analyse (Manuskriptbearbeitung)

und deshalb ein Auswahlproblem ist. Mit Hilfe dieser Erhebungstechniken und auf der Grundlage einer forschungsadäquaten Fragestellung und Objektbestimmung können die Aufgaben der empirisch orientierten Sozialforschung durchgeführt werden. Mit der Auswertung der Ergebnisse in den Stufen der 4. Etappe kann eine gewisse Transparenz gesellschaftlicher Strukturen und Prozesse in der immer komplizierter und deshalb undurchsichtiger werdenden sozialen Welt geschaffen werden. Der Stufenplan kann auch als Anleitung für praxisbezogene Übungen dienen.

4. LITERATURVERZEICHNIS

[1] Abraham, Karl: Der Betrieb als Erziehungsfaktor. 2. Aufl., Freiburg 1957

[2] Behrendt, R. F.: Dynamische Gesellschaft. Über die Gestaltbarkeit der Zukunft. Bern u. Stuttgart 1963

[3] Bolte, K. M. u. a.: Beruf und Gesellschaft in Deutschland. Berufsstruktur und Berufsprobleme. Opladen 1970

[4] Brecht: Kommentar zum Betriebsverfassungsgesetz. Herne/Berlin 1972

[5] Burisch, Wolfram: Industrie- und Betriebssoziologie. 6. Aufl., Berlin 1971

[6] Daheim, Hansjürgen: Der Beruf in der modernen Gesellschaft. Köln, Berlin 1967

[7] „Die Leistung soll im öffentlichen Dienst mehr beachtet werden". In: Saarbrücker Zeitung vom 7. Mai 1973, S. 1

[8] Dreitzel, H. P.: Sozialer Wandel. Soziologische Texte. Bd. 41, Neuwied/Berlin 1967

[9] Duden-Etymologie. Bd. 7, Mannheim 1963

[10] Dunkmann, Karl: Die Lehre vom Beruf. Berlin 1922

[11] – Soziologie der Arbeit. In: Handbuch der Arbeitswissenschaft. Bd. 8 und 9, Halle 1933

[12] Durkheim, Emilie: De la division du travail social. 7. Aufl., Paris 1960 (1893)

[13] Ebel, Heinrich: Die Konzentration der Berufe und ihre Bedeutung für die Berufspädagogik. Köln, Opladen 1962

[14] Euler, H., und Stevens, H.: Die analytische Arbeitsbewertung als Hilfsmittel zur Bestimmung der Arbeitsschwierigkeit. Düsseldorf 1952

[15] Fine, Sidney A.: Role of Job Design in Workers' Participation in Management. 2. Weltkongreß der International Industrial Relations Association 1970

[16] Fourastié, Jean: Die große Hoffnung des 20. Jahrhunderts. Köln 1954

[17] Freyer, Hans: Theorie des gegenwärtigen Zeitalters. Stuttgart 1955

[18] Friedmann, Georges: Der Mensch und die mechanisierte Produktion. Köln 1952

[19] Fürstenberg, Friedrich: Soziologie. Hauptfragen und Grundbegriffe. Berlin, New York 1971

[20] Galland, Theodor: Statistik der Beschäftigten und Arbeitslosen in der Bundesrepublik Deutschland. Schriftenreihe des Bundesarbeitsministeriums. Stuttgart 1956

[21] Giesel, Hermann: Der soziale Gehalt des Taylor-Systems. Eine Untersuchung des Taylor-Bildes in der Gegenwartsliteratur. Dissertation an der Universität Köln. Vervielfältigtes Manuskript 1963

[22] Greenwood, Ernest: The Elements of Professionalization. In: Vollmer, Howard M., und Mills, Donald L. (Hrsg.): Professionalization, New Jersey 1966, S. 9–18

[23] Grundgesetz für die Bundesrepublik Deutschland vom 23. Mai 1949, Artikel 12

[24] Handsaker, Morrison: Systematische Lohnplanung und Arbeitsplatzbewertung in den USA. In: Soziale Welt, Jg. VIII, 1957, S. 322–331

[25] Hartmann, Heinz: Arbeit, Beruf und Profession. In: Soziale Welt, 19. Jahrgang 1968, Heft 3, S. 193–216

[26] Hesse, Hans Albrecht: Berufe im Wandel. Ein Beitrag zum Problem der Professionalisierung. Stuttgart 1968

[27] Hetzler, H. W.: Die Bewertung von Bürotätigkeiten – Grundlagen und Verfahren. Köln, Opladen 1961

[28] Hoffmann, W. G.: Stadien und Typen der Industrialisierung. Jena 1931

[29] Homans, George: Theorie der sozialen Gruppe. Köln/Opladen 1960

[30] Hondrich, Karl Otto: Systemtheorie als Instrument der Gesellschaftsanalyse. In: Soziale Welt. Jg. 23, 1972, Heft 1

[31] Hughes, Everett C.: The Social Significance of Professionalization. In: Vollmer, Howard M., und Mills, Donald L. (Hrsg.): Professionalization. New Jersey 1966, S. 62 bis 71

[32] Johannesson, Jörg: Beruf. In: Handwörterbuch der Sozialwissenschaften. 2. Band, Stuttgart 1959

[33] Kairat, Hans: „Professions" oder „Freie Berufe"? Heft 1 der Sozialwissenschaftlichen Schriftenreihe der Wirtschafts- und Sozialwissenschaftlichen Fakultät der Freien Universität Berlin, Berlin 1961

[34] Kern, Horst / Schumann, Michael: Industriearbeit und Arbeiterbewußtsein. Teil 1, Frankfurt 1970

[35] Kerschensteiner, Georg: Begriff der Arbeitsschule. 8. Aufl., Leipzig 1930

[36] Klassifizierung der Berufe. Berufstätigkeiten in der Bundesrepublik Deutschland. Stuttgart 1966

[37] König, René: Sozialer Wandel. In: Soziologie. Das Fischer-Lexikon. Frankfurt 1967

[38] Lenski, Gerhard: Religion und Realität. Spich Bez. Köln 1967

[39] Lüscher, Kurt: Der Prozeß der beruflichen Sozialisation. Stuttgart 1968

[40] Lutz, B. u. a.: Typologie der Arbeitsformen. Arbeitsbericht des Instituts für sozialwissenschaftliche Forschung, München. München 1967

[41] Mack, Raimond W.: Occupational Determinanteness in Social Force. Bd. 35, 1956

[42] Mann, Fritz Karl: Zur Soziologie des Berufs. Jahrbücher für Nationalökonomie und Statistik. 138 Bd. 1933

[43] Marx, Karl: Das Kapital. Bd. I, 12. Kapitel. Hamburg 1903

[44] Mensch und Arbeit im sozialistischen Betrieb. Karl-Marx-Stadt 1967

[45] Ministery of labour: Manpower Studies Nr. 6. Occupational Changes. London 1967

[46] Mire, Joseph: European Workers' Participation in Management. In: Monthly Labour Review, hrsgg. vom US-Department of Labour. Februar 1973, S. 9–15

[47] Neidhardt, Friedhelm: Ansätze und Thesen zu einer Soziologie der Sozialisation. Zitiert nach einem unveröffentlichten Manuskript vom April 1970

[48] Nell-Breuning, Oswald von: Wirtschaft und Gesellschaft heute. Bd. I, Grundfragen. Freiburg 1956

[49] Nell-Breuning, Oswald von / Erlinghagen, Karl: Freizeit. In: Handwörterbuch der Sozialwissenschaften, 4. Band, Stuttgart, Tübingen, Göttingen 1965, S. 138–144

[50] Neuloh, Otto: A new definition of work and leisure under advanced technology. In: Employment Problems of Automation and Advanced Technology. Hrsgg. von Jack Stieber, New York 1966, S. 199–216, Kap. II

[51] – Der neue Betriebsstil. Tübingen 1960

[52] – Die praktische Bedeutung industrie-soziologischer Forschung für den Betrieb, dargestellt an der Hawthorne-Studie. In: Soziale Welt, Jg. 5, 1954, Heft 2

[53] – Die weiße Automation. Die Zukunft der Angestelltenschaft. Köln 1966

[54] – Freizeit, wozu? In: Zentralblatt für Arbeitswissenschaft und soziale Betriebspraxis. Jg. 11, Heft 10, München 1957, S. 151–152

[55] – Personalknappheit als Arbeitsmarktproblem. In: Zeitschrift für handelswissenschaftliche Forschung, 1962, Heft 8 und 9

[56] – Sozialer Wandel und Industrialisierung im 19. Jahrhundert. Versuch eines Ordnungsschemas. In: Walter Rüegg, Otto Neuloh (Hrsg.): Zur soziologischen Theorie und Analyse des 19. Jahrhunderts. Studien zum Wandel von Gesellschaft und Bildung im 19. Jahrhundert. Band I, Göttingen 1971

[57] Neuloh, Otto / Kurucz, Jenö: Vom Kirchdorf zur Industriegemeinde. Köln 1967

[58] Neuloh, Otto / Wiedemann, Herbert: Arbeiter und technischer Fortschritt. Untersuchungen in der nordrhein-westfälischen Metallindustrie. Forschungsbericht des Landes NRW Nr. 776, Köln/Opladen 1960

[59] Neundörfer, Ludwig: Die Angestellten. Neuer Versuch einer Standortbestimmung. Stuttgart 1961

[60] Offe, Klaus: Leistungsprinzip und industrielle Arbeit. Berlin 1970

[61] Ogburn, W. F.: Social Change. New York 1922

[62] Parsons, Talcot: Das Problem des Strukturwandels. Eine theoretische Skizze. In: Wolfgang Zapf (Hrsg.): Theorien des sozialen Wandels, Köln 1969

[63] Pavalko, Ronald M.: Sociology of occupations and professions. Ithaka (USA) 1971

[64] Picht, Georg: Machbarkeit ist kein Kriterium der Wahrheit. In: Die Zeit, Nr. 13 vom 27. März 1970

[65] Popitz, Heinrich: Der Begriff der sozialen Rolle als Element der soziologischen Theorie. Tübingen 1967

[66] Popitz, Heinrich u. a.: Technik und Industriearbeit. Tübingen 1957

[67] Riedel, Johannes: Grundfragen der Arbeitserziehung. Stuttgart 1940

[68] Ries, Heinz: Berufswahl in der modernen Industriegesellschaft. Bern 1970

[69] Rostow, W. W.: Stadien wirtschaftlichen Wachstums. Eine Alternative zur marxistischen Entwicklungstheorie. Göttingen 1960

[70] Roth/Weismantel: Arbeitslehre. In: Pädagogisches Lexikon. Gütersloh 1970

[71] Scharmann, Theodor: Arbeit und Beruf. Tübingen 1956

[72] – Jugend in Arbeit und Beruf. München 1965

[73] Schelsky, Helmut: Auf der Suche nach Wirklichkeit. Düsseldorf/Köln 1969

[74] Scheuch, E. K. / Kutsch, Th.: Grundbegriffe der Soziologie. 1: Grundlegung und Elementare Phänomene, Stuttgart 1972

[75] Schoeck, Helmut: Kleines soziologisches Lexikon. Herder-Bücherei. Bd. 312/313, Freiburg 1969

[76] Smend, Rudolf: Integrationslehre. In: Handwörterbuch der Sozialwissenschaften, 5. Bd. Stuttgart, Tübingen, Göttingen 1956, S. 299–302

[77] Sombart, Werner: Beruf. In: Handwörterbuch der Soziologie. Stuttgart 1959

[78] Stammer, Otto (Hrsg.): Angestellte und Arbeiter in der Betriebspyramide. Berlin 1960

[79] Statistisches Jahrbuch für die Bundesrepublik Deutschland. Hrsgg. vom Statistischen Bundesamt Wiesbaden. Stuttgart 1971

[80] Steiner, Rudolf: Kernpunkte der sozialen Frage. Goetheanum, Dornach, Schweiz, 1921

[81] Stooß, Friedemann: Die Veränderung der beruflichen Gliederung der Erwerbspersonen nach Wirtschaftszweigen in der Bundesrepublik 1950 bis 1961. In: Mitteilungen des Instituts für Arbeitsmarkt- und Berufsforschung, Erlangen. 1968, Nr. 4

[82] Taylor, Frederic W.: Grundsätze wissenschaftlicher Betriebsführung. München und Berlin 1913

[83] The Economist. Zitiert nach: Unternehmerbrief des deutschen Industrieinstituts. Nr. 15 vom 13. 4. 1972

[84] van der Ven, Frans: Sozialgeschichte der Arbeit. Bd. 3, 19. und 20. Jahrhundert. München 1972

[85] Vollmer, Howard M. / Mills, Donald L. (Hrsg.): Professionalization. New Jersey 1966

[86] Weber, Max: Gesammelte Aufsätze zur Religionssoziologie. Protestantische Ethik und der Geist des Kapitalismus. Tübingen 1922

[87] – Wirtschaft und Gesellschaft. Tübingen 1922

[88] Wiese, Leopold von: System der allgemeinen Soziologie. 2. Aufl. München und Leipzig 1933

[89] Wörterbuch der Berufsbezeichnungen. Hrsgg. von Fritz Molle. Groß-Denkte über Wolfenbüttel 1951

[90] Wörterbuch der philosophischen Begriffe. Hrsgg. von Johannes Hoffmeister. 2. Aufl. Hamburg 1955

[91] Wurzbacher, Gerhard: Der Mensch als soziales und personales Wesen. Hrsgg. mit Scharmann, Theodor. Stuttgart 1961

Der Sammelband „Berufssoziologie“, hrsg. von Thomas Luckmann und Walter Michael Sprondel in der Reihe Neue wissenschaftliche Bibliothek, Nr. 55, enthält einesteils Beiträge zur Arbeits- und Berufssoziologie, die in dieser Veröffentlichung original berücksichtigt wurden, andererseits theoretische und empirische Abhandlungen, vorwiegend ausländischer Autoren, die eine elitäre Auffassung von Beruf vertreten. Die kontinuale Konzeption, die den Ansatz unserer Veröffentlichung bildet, kommt darin nicht zur Sprache.

5. PERSONENREGISTER

6. SACHREGISTER

12.80